Wilhelm Schmidt

Zum Umriss von Europa

eine Übung im Kartenlesen

Wilhelm Schmidt

Zum Umriss von Europa
eine Übung im Kartenlesen

ISBN/EAN: 9783744675635

Hergestellt in Europa, USA, Kanada, Australien, Japan

Cover: Foto ©ninafisch / pixelio.de

Weitere Bücher finden Sie auf **www.hansebooks.com**

ZUM

UMRISS VON EUROPA.

EINE ÜBUNG IM KARTENLESEN.

———

VON

WILHELM SCHMIDT,

GYMNASIAL - PROFESSOR.

SEPARATABDRUCK AUS DEM PROGRAMME DES K. K. II. STAATS-GYMNASIUMS ZU GRAZ
VOM JAHRE 1873.

GRAZ.

IM VERLAGE DES K. K. II. STAATS-GYMNASIUMS.

— · —

VEREINSBUCHDRUCKEREI IN GRAZ.

Zu einer Zeit, wo die Geologie eingehender und umfassender die jetzige Gestaltung der Erdoberfläche zu erklären und an deren gegenwärtige Bildungen unmittelbarer die Vorstellung der Vergangenheit zu knüpfen begonnen hat, Geschichte und Naturgeschichte aber die Erde nicht mehr blos als den Wohnplatz ihrer Organismen betrachten, sondern selbst die Entwicklungsweise und Schicksale derselben ganz oder zum Theile aus den geographischen Verhältnissen abzuleiten suchen, ist es wohl nicht unberechtigt, diese Verhältnisse auch in der reinen Anschauung, auf der Mittellinie, wo jene Disciplinen sich begegnen, als wissenschaftliches Object zur Sprache zu bringen. Es mag dabei auch unbenommen bleiben, ja gefordert sein, auf die Verbindung mit jenen Fächern von dieser Mitte aus einzugehen, ohne dabei für dieselben Anderes als ein Correctivum, oder Fragen und Probleme geben zu wollen.

Vorliegender Aufsatz, es sei gleich gesagt, weit zurück hinter der Beherrschung einer solchen Aufgabe und weit entfernt vom Anspruch darauf, möge nur als ein Versuch angesehen werden, sich auf dem Gebiete zurechtzufinden, die Methode jener unmittelbaren Auffassung des Kartenbildes zu erfassen. Dieses Bemühen wird der Arbeit vielleicht einiges Verdienst verschaffen; und an Gegenständlichem mag etwa ein oder der andere Punkt der Beachtung werth sein. Zunächst würde der Verfasser befriedigt sein, wenn die Arbeit dem Kriterium gegenüber Stand hielte, ob das in ihr Gesagte so ziemlich mit einem Blick auf die Karte sich übersehen lasse. Denn im Zusammenfassen liegt vor Allem der Werth der Geographie.

Fortsetzung eines anderen, pädagogischen Aufsatzes des Verfassers: „Ueber Methode des geographischen Unterrichts an Gymnasien" [1]) und bestimmt, eine in diesem an einem schwierigeren Gegenstande gelassene Lücke zu ergänzen, hat die Arbeit unter der Hand eine andere, mehr dem geographisch Wissenschaftlichen angepasste Form erhalten. Für den Verfasser war es dabei von Interesse zu beobachten, wie aus der einfachen Anschauung, so wie sie eben in der Schule geübt wird, sich, in nicht zu grossem Abstande, manches von der Methode der Wissenschaft entwickelt.

---

[1]) Erschienen im Programme des k. k. II. Staatsgymnasiums vom Jahre 1871 und als Separatabdruck.

Aus der Darstellung, worin Ritter die Verhältnisse der Gestalt Europa's wie anderer Welttheile zur Anschauung bringt, sind das Gedrungenste die beiden Ausdrücke, mit denen er das Mass der Gliederung eines Festlandes arithmetisch bezeichnet. Sie werden denn auch oft, herausgerissen aus dem Zusammenhange, für sich zur Charakterisierung von Länderumrissen angewandt. Es ist die eine Bezeichnungsweise, die Meilenzahl der Küstenlinie mit der Menge der von ihr eingeschlossenen Flächeneinheiten zu vergleichen; die andere setzt dafür das Verhältniss der wirklichen Küstenlänge eines Festlandes zum denkbar geringsten Umfang einer gleichen Fläche, zur Peripherie eines Kreises von derselben Grösse.

Beide Ausdrucksarten sind wesentlich von einander verschieden. Denn jenes erste Verhältniss der Küstenlänge zum Flächenraum wird auch bei mathematisch ähnlichen Umrissen, also derselben Gliederung, sich mit der Grösse des Objektes ändern, da die Flächen nicht mit den Umfängen, sondern wie ihre Quadrate wachsen. Wohl aber kann es bezeichnend werden für den maritimen oder continentalen Charakter der Landmasse, indem von ähnlichen Ländergestalten, etwa zwei Quadraten, die grössere auch grössere Distanzen des Binnenlandes von der Küste aufzuweisen hat. Der andere Ausdruck aber, wirkliche Küstenlänge mit möglichst geringer zusammenstellend, geht blos auf die Gestalt und vermag aus demselben Grunde wohl die Energie der Gliederung, nicht aber die Meeresferne der innersten Gebiete anzudeuten.

Die Fähigkeit jedoch der einen wie der anderen Bestimmungsweise, das zu sagen, was sie ausdrücken wollen, findet ihre grosse Beschränkung darin, dass man eine Verlängerung der Küstenlinie eben so leicht durch eine Menge kleinerer Ein- und Ausbuchtungen, wie durch wenige ausgiebige sich kann entstanden denken. Eine einzige Halbinsel oder Bucht aber wird vielleicht weit mehr eine Gliederung des Ganzen bewirken, als eine ganze Reihe solcher von gleicher Gestalt mit ihr, deren Gesammtfläche ihr gleichkommt; und doch ist dabei ihr Küstensaum geringer an Ausdehnung, als der Gesammtumriss dieser ähnlichen kleineren Gestalten. So wird denn in manchen Fällen die grössere Küstenentwicklung, wie der Ausdruck gebraucht wird, von geringerer Entwicklung der Ländergestalt begleitet sein, indem sie nur der mannigfaltigeren Bildung eines schmalen Küstenstriches, wie an Fjordküsten, entspringt. Es mag dann für den Hafenreichthum, die Zugänglichkeit der Küste der Ausdruck gewonnen sein; aber ihn auf die Aufschliessung, Ausbildung des Ganzen anzuwenden, würde zu einem verfehlten Urtheil führen. [2]

---

[2] Eine andere Frage ist es, ob nicht sehr oft zierlichere Küsten- und Länderform zusammentreffen. Aber auch da müssen die beiden Momente auseinandergehalten werden. Auf ähnliche Weise ist, wo das Verhältniss der Stromentwicklung zum direkten Abstand der Quelle von der Mündung genommen wird, zu sondern zwischen vielen kleinen und wenigen grossen, für die Ausbildung des Stromsystems, ausser etwa für das Gefälle, allein entscheidenden Krümmungen.

Solche Angaben von Verhältnissen vermögen überhaupt für sich wenig zu sagen, als zu starr und allgemein gegenüber dem reich ausgeprägten und beziehungsvollen Länderbilde, werden aber recht bedeutend als Mittel zu dessen Auffassung. Diese Bedeutung, jene immer bestehende Unzulänglichkeit fordern wohl auf, einen weiteren Schritt zur Annäherong an einen möglichst vollständigen Ausdruck, der doch das Ziel sein muss, wenigstens zu versuchen.

Wie viel ausdrucksvoller wurde jene Angabe der Küstenlänge, verbunden mit dem Verhältnisse des Flächenraums der Glieder zu dem des Stammes. Es mag dienlich sein, ebenso die Fläche der eindringenden Meerestheile mit der des Continentes zu vergleichen; oder die Landmasse mit der Ausdehnung jener Fläche, die von den ihre äussersten Spitzen verbindenden Sehnen umschlossen wird. Ein solches Polygon, dessen Eckpunkte die Ural-, Kur- und Rionmündung, Constantinopel, Cerigo, die Süd- und Westspitzen Iberiens, West-Irland, das Nordcap, die Waigatschinsel bilden, würde zur Fläche des Welttheils fast die Hälfte (ungef. 80,000 Quadr.-M.) als den Raum der ihn gliedernden Meerestheile hinzufügen. Denn die Gliederung erstreckt den geringen Landvorrath Europa's zu weiten Entfernungen in die Länge und Breite. Man versuche, auf dem Globus sein Bild, etwa ausgeschnitten, in den Umriss anderer Welttheile hineinzulegen; es wird beim zweifach grösseren Süd- oder Nordamerika nicht gelingen, ohne dass da oder dort ein vorgeschobenes Gebiet, etwa von Scandinavien oder Grossbritannien, darüber hinausragte. Selbst beim massigen Afrika ist eine Stellung zu wählen, dass Spanien auf der Sahara zwischen Tuat und Bojador läge, wo dann der Ural mit der Küste des indischen Oceans zusammentreffen würde. Und liesse man im breiten Bilde Asiens Portugal den persischen Golf bei Abuschehr berühren, so reichte Griechenland an Dekhan hin, das Kaukasusland nach Birma hinein; die Nordenden aber ragten in das Gebiet der Eismeerströme, Schottland an den Ischim und das Nordcap zur Mündung der oberen Tunguska. Aber Parallel auf Parallel, Cap S. Vicente auf Balkh, so träfe Sicilien den Kuenluen, Morea die Quellen der chinesischen Ströme, die Kurmündung das gelbe Meer; der Nordosten aber erreichte die Lenamündung, Scandinavien das Taimyrland und Irland noch den Ural.

Die sparsamste und günstigste Verwendung eines gegebenen Flächenraumes zur Erzielung grosser Erstreckungen in die Länge und Breite geschieht durch die Anordnung in Kreuzform, an vertikal sich schneidenden Achsen. Die Gestalt Europa's aber bietet zweimal solche Form: dort wo in Westeuropa, während die Entfernung von Meer zu Meer, quer über den Stamm, nur 50 bis 120 Meilen beträgt, die Querachse ihre äussersten Enden, die Südspitze Siciliens und den Norden Schottlands, auf fast 400 Meilen auseinanderrückt, eine Entfernung, gleich der Breite Südamerika's von Rio nach Arika, oder Afrika's von der Biafrabai an die Mittelmeerküste, so weit als von der Mississippi- an die Lorenzomündung und den Saskatschewan oder vom Pendschab nach Tobolsk. Die zweite Kreuzung aber, in Mitteleuropa, wo der Stamm nur wenig mächtiger geworden ist, überspannt, vom Cap Matapan zum Nordcap, als grösste Breite des Welttheils, eine Strecke wie die

Breite Nordamerika's von der Vancouverinsel nach New-York, die volle Breite Südamerika's, Afrika's am Aequator; einen Raum so weit als von New-Orleans bis
zu den Eisfeldern nördlich der Hudsonsbai, von Calcutta nach Jeniseisk oder von
Peking zur Obmündung.

In dieser Anordnung, welche die fernsten Punkte des Landes durch eindrin-
gende Streifen Meeres, dieselben, welche die Länder auseinandergerückt haben, einander wieder nähert, scheint ein Moment besondere Beachtung zu verdienen: dass
die Streifen Landes, die Ausästungen, und so die Meeresstreifen sich in meridionaler Richtung, durch verschiedene Breiten erstrecken. Und die Gestaltung, welche
die Erdoberfläche am meisten belebt, von Küsten, die Parallelkreise durchschneiden
und verschiedene Klimate verbinden, ist an ihm ausserordentlich reich ausgebildet.
Durchziehen die Küstenlinien Südamerika's, des weit nach Süden gestreckten, in
ihrer Gesammtheit eine Summe von nur 140 Breitegraden, ebensoviele die Afrika's;
so durchmisst hingegen der vielgestaltige Umriss Europa's, im Hin- und Hergehen,
deren mehr als 180; wovon 10 und 11 auf die West- und Ostseite der Balkanhalbinsel, je 8 auf die Ost- und Westküste Italiens wie auf Tarifa—Genua ent-
fallen; aber volle 22 auf Tarifa—Skagen, 12 und 11 auf beide Ostseeufer, auf
Lindesnäs—Nordcap 13, 25 auf die Küsten von Grossbritannien kommen, kleinere
Strecken nicht namentlich angeführt. Nowaja-Semlja, als eine in dieser Hinsicht
wohl quantitativ bedeutende aber nicht werthvolle Zugabe, ist da nicht mit eingerechnet, auch nicht die Küste Kleinasiens, die Europa doch so nahe angeht. Selbst
das tiefgelappte Asien bringt es, sammt den eisigen Buchten im Norden, doch ohne
die Inseln, nur auf drittehalb Hundert Grade; die Inseln freilich, in ihren nordsüd-
lichen Reihen, fügen ein Erkleckliches hinzu.

Doch ist es die gemässigte Zone, und am meisten ihr mittlerer Gürtel, wo
der schnellere Uebergang von Klima zu Klima nordsüdliche Küsten so bedeutend
macht. Aber im Bereiche dieser Zone vor allem sind die anderen Welttheile arm
an dieser Form. Denn Labrador und die Hudsonsbai, oder was nördlich davon gelegen, gehört nicht mehr gemässigten Erdstrichen an; auch der Reichthum der
Halbinselküsten Asiens innerhalb der Tropen wird, unter jenen Breiten, weniger durch
die Verbindung verschiedener Klimate belebt. Hingegen von jenen 184 Gradbreiten,
welche die Küsten Europa's durchziehen, gehören mehr als zwei Fünftel der Zone
um den 45ten Parallel, des raschesten klimatischen Ueberganges an. Sechsmal
spannt sich da, im Bereiche des Mittelmeeres, die Küste über mehr als acht
Breitengrade aus. Eben so vielfach wird, von Neuem, die Entwicklung vom 54ten
Grade an, bei der Annäherung an die kalte Zone. Um so breiter und schöner ist
der Uebergang zu dieser durchgeführt, als die Binnenmeere, Ost- und Nordsee und
irische See, nicht wie die Hudsonsbai, gegen Norden dem Andrange der Eismassen
offen am geschlossenen Südende sie anstauen, sondern im Süden frei oder aber
gegen den Norden schon unter mässiger Breite abgeschlossen sind. Und wie die
reiche Küstenentfaltung, diese Zerspaltung der Subtropenzone (sonst der trockene
Steppengürtel der Erde) sie in Europa vor Dürre bewahrt und allein der eigentlich
gemässigte Gürtel des Sommerregens sich in zusammenhängendem Zuge vom Westen

zum Osten des Welttheils erstreckt, dann Binnenmeere diese Region thunlichst, in Stücken, nach Norden erweitern, sind die Gebiete der gemässigten Zone hier wunderbar schön, wie sonst nirgends auf der Erde entwickelt. Längs der Meridiane verbreitert, werden sie theilhaftig jeder Manigfaltigkeit, welche gerade diese Zone aus Breitenabständen von 35 Graden in der Verschiedenheit des Sonnenlaufes und der jahreszeitlichen Vorgänge erwachsen sieht. Bieten andere Welttheile unter Europa's Breiten massenhaftere Flächen dar, so sind doch die Dürre und die kalte Zone in ihnen weiter gegen einander vorgeschoben, der gemässigte Raum verengert, und Wüsten, Steppen, kalte, unwirthliche Gebiete beanspruchen so viel Platz als Europa's Binnenmeere: unfruchtbar wie diese, aber auch trennend statt verbindend, nicht durch ihren Saum belebend sondern gefahrbringend, die Einförmigkeit der getrennten Gebiete mehrend [3]).

Auch die Richtung nach den Parallelen ist in Europa zu ganz bestimmter Bedeutung gelangt: indem sie von den westlichen Strichen im Meergebiete zu dem continentalsten aller Erdräume hinüberführt, ohne dass, wie in Nordamerika, in Folge schroffer Scheidung der Räume durch meridionale Kettengebirge und Hochebenen solcher Uebergang erzeugt würde, sondern blos durch allmähliche Verbreiterung des Landes, gemildert durch die Begleitung der Binnenmeere zu beiden Seiten, und durch sie die Abstufungen doch wieder unter sich genähert.

Um die zur Verbindung verschiedener Klimate ausgezeichnete Anlage der europäischen Küsten aufzufassen, haben wir, wie man in der Physik die Richtung einer Bewegung in ihre Componenten zerlegt, so erst den nord-südlichen, dann auch den west-östlichen Werth der Küstenstrecken herausgehoben. Merkwürdig genug umfasst letztere Componente, welche, und in dem Masse auch nur hier, eine ähnliche Funktion wie die nordsüdliche übernimmt, eine gleiche Strecke von 2700 Meilen [4]).

Zeigt sich neben der grossen Küstenlänge ein einfaches Moment in der Anordnung ihrer Linien von Belang, um die Vortheile der gemässigten, maritimen Lage des Welttheils noch fruchtbringender zu machen, so war schon oben darauf hinzudeuten, wie für die Energie der Gliederung, die Erreichung ihrer Vorzüge nicht blos die Menge, die Küstenlänge, der Flächenraum der Glieder bedeutsam sei, sondern vieles in ihrer A n o r d n u n g liege.

Es ist, wie gesagt, die symmetrische Kreuzform die Grundlage dieser Anordnung, indem Einengung der Einengung, Ausbuchtung der Ausbuchtung gegenüberliegt, sich und ihre Wirkung verdoppelnd; und am schönsten ausgeprägt in West-

---

[3]) Auch der Wechsel der Breiten gedeiht, in der Einförmigkeit und wieder schroffen Abstufung des Reliefs, inmitten der Ländermassen, nicht zu so lebensvollen Beziehungen.

[4]) Die Summe beider, 5400 Meilen, ergibt natürlich mehr, als für die Küstenlänge Europa's, die kleinen Krümmungen bei Seite gelassen, gerechnet werden; denn jede Küstenstrecke ist die Hypotenuse jener Katheten. Am grössten ist der Unterschied, und für Europa's Lage das Verhältniss am günstigsten, wenn die Parallelen unter einem Winkel von 45° gegen Nordosten geschnitten werden.

europa, zu beiden Seiten einer Mittellinie, von der Südwestecke Iberiens etwa nach der Mitte von Deutschland gezogen, wo ein vom Seineursprung aus beschriebener Kreis die äussersten Spitzen von Portugal, Sizilien, Schottland, als die Enden verticaler Halbmesser, so ziemlich trifft: Radien von fast 200 Meilen Länge, während doch aus dem innersten des Stammes, bei Dijon unweit jenem andern Punkte, sich nicht ein Kreis von 56 Meilen Radius im vollen Lande, ohne Meer zu berühren, ziehen lässt; die beiden Arme aber gehören zu den zierlichsten Gestalten des Erdbildes. Mächtiger erscheint jene Wiederholung der Form hinter der Nordsee und dem Adriameere, an Scandinavien und der Balkauhalbinsel. Scandinavien ist zwar durch das Eindringen von Meeresstrassen vom unmittelbaren Zusammenhange mit dem Stamme von Mitteleuropa gelöst, und gegen Osteuropa lagert sich ihm ein Binnenmeer vor, so dass es, ein ausgesetzter Streifen, erst am Nordende, im Bande von Finnland, seinen Anschluss findet. So aber wie dort Scagerrack und Kattegat, Belte und Sund, sind in die südliche Erweiterung der Archipelagus, die Strassen zum schwarzen Meere hin eingebrochen, Binnenmeer liegt dem Binneumeer gegenüber, und mit dem finnischen Busen sucht letztlich das asowische Meer noch tiefer in die Landfläche vorzudringen. Erscheint es nicht zu gewagt, den Zusammenhang mit dem asiatischen Hinterlande bei Seite zu lassen, so mag man Scandinavien die kleinasiatische Landstrecke gegenüberstellen und der finnischen Brücke das Kaukasusland. Als letzte Einfurchungen in den Stamm von Europa nähern sich das caspische und das weisse Meer.

Diese Wiederholung in einer solchen Mannigfaltigkeit zu beiden Seiten des Erdtheils, so dass uns fast etwas wie das Bild eines Organisierten vor Augen tritt, ist eine der grossartigsten, vielleicht die hervorragendste unter den Gestaltungen der ganzen Erdoberfläche; wie eine der Spiegel der andern, doch beide wieder im Wesen ganz verschieden und rein ausgeführt sind, als oceanische und Mittelmeerseite, der schmale Stamm aber zu Mitten dieser Doppelbeziehung theilhaft. Möchte nicht dem, welcher Uebersicht und Einblick zur Genüge besässe, bis zu einem gewissen Grade sich zeigen, wie viel von der Grossartigkeit der europäischen Geschichte in diesen Verhältnissen liege?

Wenn auch Amerika sich zweimal in die Breite entfaltet wie unser Welttheil und in der Mitte auf das Aeusserste sich verengert, so sind doch jene Anschwellungen so massig und blos einseitig, dass kaum grössere Maasse der Ausbreitung erreicht werden als beim schmächtigen Europa; und die Verengerung der Mitte steht so weit von jenen grössten Landbreiten ab, selbst so weit hingedehnt, dass die Anschwellungen als zwei weitentfernte Welttheile erscheinen. Und wenn Südamerika sich wie der Stamm von Europa ausspitzt, so bleibt es aber ohne Seitenbuchten, Seitenhalbinseln, Gegenküsten, die Form gedeiht zur einsamen Absonderung jenes hinausgedehnten Landes, zum Erschweren der Umseglung.

Der Stamm, die Mittelhalbinsel Europa's aber hat einen stets doppelseitigen Wechsel von Meeren und Ländern zum Begleiter, und jede Stelle seiner Mittellinie erhält darin ihre besondere, bestimmte Charakteristik. Es bilden sich die reichsten Beziehungen: so ist Frankreich ein Gebiet zwischen drei Meeren, vier

Ländern; Deutschland hat gar vier Meere, sechs Länder um sich gelagert, und das massigere Karpathenland wieder drei und vier [*]. Freilich sind es nicht Weltmeere wie die beiden, die Mexiko und Centralamerika berühren.

Diesem System von Halbinseln der Halbinsel geben das letzte Gepräge die Gestalten.

Soll hier daran erinnert werden, wie Land- und Wassermassen von sehr grosser Ausdehnung in gewisser Reinheit jenen Zustand der Erdoberfläche darstellen, wo dieselbe entweder ganz wasserbedeckt oder ganz trocken daläge, und, vom Relief abgesehen, die geographische Breite fast die einzige Quelle physisch-geographischer Abwechslung wäre; wie durch das Nebeneinander beider Formen aber ein anderer Zusammenhang von Gegensätzen und Beziehungen hereintritt, jenen einfacheren kreuzend, die Erscheinungen vervielfältigend: so ist jene Form, welche dieses Eingreifen am vollsten zur Ausführung bringt, die der Halbinsel in ihrem Zusammenhang mit dem Continent, dem Hinausragen in's Meer, dem verlängerten Küstensaume. Und lässt zwar auch das Relief im Innern des Continents scharf abgegrenzte Gebiete zur Ausbildung von Besonderheiten erwachsen, so geschieht es mehr durch starre Trennung, einförmige Begrenzung; der Küstensaum dagegen ist von allen Grenzen, wie die schärfste und entschiedenste, so auch die mannigfaltigste, ja für den Menschen, der die Seefahrt gelernt hat, zugleich das Mittel zu allseitigen Verbindungen; für die Verbreitung von Pflanzen und Thieren, für den Menschen, so lange er noch nicht Seefahrer geworden, hemmend; aber da ist es die Halbinsel, welche zu der Individualität die Verbindung mit dem Continent als Zugabe vor der Insel besitzt.

Es ist die Wurzel der Halbinsel, welche im Masse ihrer Breite die Verbindung mit dem Festlande bestimmt; das Mass der Hervorragung, also Länge und Richtung der Achse, ferner die Ausbreitung und Gliederung der Halbinsel, ihr Flächenraum, diese Momente im Vergleiche zur Wurzelbreite, sind es, welche ihre Sondergestalt ausmachen; dieselben Verhältnisse auch ihren maritimen oder mehr festländischen Charakter.

Von allen europäischen Halbinseln hat die südöstliche die breiteste Wurzel. Von Fiume zur Donaumündung (nicht einmal Triest—Odessa als Grundlinie genommen) sind es 160 Meilen; die Achse der Halbinsel zählt nicht 130. An der finnisch-scandinavischen Halbinsel dagegen überragt die Länge der gebogenen Mittellinie (340 M.) die mässige Wurzelbreite (71 M.) fast um das Fünffache; eben so schlank zieht sich Italien hinaus, von der Arnolinie an, mit den Massen 109 und 23 (4·8:1); die Abzweigung der Halbinsel beginnt freilich schon auf der Linie Venedig—Genua (42 M.) In der Mitte steht die Südwesthalbinsel mit dem Verhältnisse 173:65 (2.6) auf die Grundlinie Rochelle—Montpellier, 140:50 (2·8) für

---

[*] Nur einmal noch auf der Erde, in dem Länderviereck um das Euphratgebiet, zwischen den fünf Binnenmeeren, wiederholt sich eine so reiche Stellung eines kleineren Landgebietes. Zwar ist der Zugang zu den zwei nördlichen, dem schwarzen und dem kaspischen, gehemmt, und doch wie bedeutend wurde jene Lage.

die Basis Bajonne—Perpignan; dann, der Balkanhalbinsel noch mehr genähert, Grossbritannien, darf man es neben die Halbinseln stellen und die breite, dem nahen Festlande zugekehrte Küste deren Basis nennen, mit den Zahlen 125 und 71 (1·8), also einer Wurzelbreite gleich der von Scandinavien.

Zeichnet grosse Schlankheit den Umriss Jtaliens wie Scandinaviens aus, so ermangeln sie aber, zumal das erstere, in ihrer bandartigen Gestalt, eines andern Momentes individueller Bildung, eigener Centren. Da ist die entschiedenste, selbstständigste die pyrenäische Halbinsel, mit einer grössten Breite von 127 Meilen auf 50 der Basis. Scandinavien schwillt an zwei Stellen über die Wurzelbreite an; Grossbritannien und die Südosthalbinsel, diese, in Morea, am vollkommensten, bringen es durch Einschnürungen gegen das Ende zu kleinen Centren.

Und auch die Richtung der Achse vermehrt jene Selbständigkeit Iberiens, lässt aber die Halbinsel vielleicht weniger an der beziehungsvollen Gestaltung des Ganzen theilnehmen. Denn die für die Gliederung unerspriesslichste Halbinselform ist jene, wo die Achse nur die fortgesetzte Richtung des Festlandes darstellt, eine Ausspitzung wie Patagonien oder einen Kopf wie Spanien bildend. Diese Anlage, wenn auch der Erreichung grosser Distanzen, der Annäherung an andere Continente förderlich, vereinsamt das vorgeschobene Land; man vergleiche Spanien mit dem länderumgebenen Italien. Sie erschwert die Umschiffung: man denke sich eine Meeresstrasse nördlich der Pyrenäen hingezogen, welche Pforte wäre sie in der europäischen Geschichte gewesen!

Von allen Gliedern des Welttheils hebt sich am entschiedensten, senkrecht auf den Stamm, Grossbritannien ab, ähnlich die Türkei. Sie greifen am weitesten seitwärts, prägen die Gestalt des Ganzen am entschiedensten, erweiternd, aus. Solche Form theilt das Meer am kräftigsten, seine Bewegungen bestimmend, zwingt aber den Verkehr zu grossen Umwegen. Hätte nicht Grossbritannien die Wurzel vom Meer durchbrochen, so wäre Deutschland, Holland vom Weltverkehr zurückgedrängt, die Nordspitze Schottlands ähnlich dem Feuerland oder anderen Nord- und Südenden der Continente.

Völlig anders die Halbinseln, die sich ihrem Hauptlande anschmiegen, auch sie mit Vorzügen eigenthümlicher Art. Das schmale Italien folgt in seinem Verlaufe der breiteren Masse seiner Nachbarhalbinsel, zwingt die Schiffahrt nach der Levante zu geringem Umweg. Welchen Reichthum aber böte diese Lage, wäre das Gegenland ein anderes als jene öden Gebirge und ärmlichen Gestade von Dalmatien und Albanien! Ganz ohne Gleichen ist da aber Scandinavien. Eine Längenerstreckung, die, gerade hervorragend wie Grossbritannien, bis nach Grönland hinüberreichte, ist derart im Hin- und Herwenden angelegt, dass die Entfernung vom Festland kaum 40 Meilen erreicht, der direkte Abstand der Spitze von der Basis 150, nicht die Hälfte der weitgewundenen Mittellinie. So wenig, als wo sie immer geübt werden, bei Stromsystemen, sind solche Betrachtungen hier müssig. Bei letzteren ist jener directe Abstand (von Quelle und Mündung) an sich noch ohne Belang; was ist er aber für eine Halbinsel und ihre Umseglung; und die Krümmung der Mittellinie für die Schaffung von Centren, Landcentren an der Küste (die innerste Bucht der Ostsee) auf der inneren, von Nebengliedern (Kola, das südwestliche Norwegen) an der äusseren Seite der Krümmung; für die allseitige Nähe des Continents.

So umgeben die grösseren Glieder, zwei Paare und die eine Halbinsel als Kopf, den Stamm des Welttheils. Dieser ist, indem er für deren Bedeutung den Grundton angibt, doch, selbst eine Halbinsel, nach denselben Verhältnissen zu beurtheilen und steht hinter ihnen in manchem Punkte nicht zurück.

Für die Ausbildung, die in der Achsenlänge verglichen mit der Wurzelbreite liegt, erhalten wir, die pyrenäische Halbinsel als Kopfende des Stammes eingerechnet [6]), folgende Verhältnisse: auf eine Grundlinie vom asowischen zum weissen Meere 540 M. an Achsenlänge zu 250 der Wurzelbreite (2·16); für die Linie vom finnischen Busen zu denselben Meere 502:203 (2·5); als Wurzel Odessa—Ostsee 415:155 (2·7). Der Stamm bleibt also nur hinter Scandinavien und Italien an Schlankheit zurück, kommt Iberien mit dessen schmalem Halse gleich.

In der Bildung von Centren, durch Anschwellungen, mit Engen wechselnd, ist er weit voraus. Das Centrum von Madrid, die Enge der Garonne, das Centrum von Dijon wurden schon erwähnt. Die Halbmesser der grössten Kreise innerhalb des Festlandes erreichen zwar auch in Mitteleuropa kaum 60 Meilen; aber dann folgt an der Wurzel der Balkanhalbinsel die merkwürdige Stelle, wo von einem Mittelpunkte östlich von Kaschau aus erst ein Halbmesser von 90 Meilen genügt, um das Meer, dann aber drei Meere in einem Kreise, zu erreichen. Reichen doch weiter östlich, zwischen Odessa und Königsberg, 79 Meilen aus, und schwellen die Zahlen erst für eine Stelle zwischen Kiew und Smolensk wieder auf 90, dann, im Quellgebiet der Oka, vom asowischen zum finnischen Meere, auf 100, unterhalb der Okamündung, zwischen dem weissen und kaspischen Meere, auf 135 Meilen an.

Es sind damit die innersten Punkte des Stammes auf den verschiedenen Abstufungen seiner Breite genannt. Wie ganz anders aber rücken sie in das Innere, wenn wir, wie anfänglich, statt des Stammes den Umriss um die äussersten Spitzen, die Binnenmeere aber betrachten als eingedrungen in diesen Umriss; wo dann jene Halbmesser um das zwei- bis vierfache wachsen. Ein solcher Vergleich mag auch in diesem Verhältnisse der Wurzelbreite zur grössten Verbreiterung darthun, wie sehr der Gesammtwelttheil seinen einzelnen Halbinseln, die hierin wenig kräftige Gestaltung zeigen, überlegen ist; und doch darf sich fast jede dieser Halbinseln für sich mit anderen Erdbildern als eben Europa messen.

In der Achsenrichtung jener Glieder lagen bedeutsame Momente für ihre Beurtheilung; von Bedeutung wird sie auch an der Grundhalbinsel sein.

Die Mittellinie des Welttheils erleidet eine wenn auch leise Krümmung, wo sie aus der Westsüdwestrichtung, die sie von Jekatherinenburg her eingehalten, bei Krakau heraustritt, und nach einer rein westlichen Strecke auf dem 50. Parallel an der Mosel wieder, und entschieden, sich nach Südwesten wendet. Die Mittelpunkte der Doppelcurve aber sind: für die westliche Krümmung die Wurzel der

---

[6]) Mit einer Länge von 136 Meilen.

Halbinsel Italien, für die östliche der äusserste Süden von Scandinavien, welcher, wenn man auf die Bedeutung sieht, für die Wurzel der Halbinsel genommen werden kann. Von beiden aus ist zu wiederholten Malen in der Geschichte fast ganz Europa, der weite Länderkreis, der sich um beide lagert, erschüttert worden. Es scheinen solches die denkbar günstigsten Stellen zu allseitiger Erreichung der Nachbarländer und selbst der jenseitigen Meere zu sein. Die beiden andern, die türkische Halbinsel und Grossbritannien, legen sich an die convexen Seiten der Curve an; der Kreisbogen von umlagernden Ländern ist geringer, aber grössere Länderstrecken gehen, auf den Armen der Curve, von ihnen aus. So breitet denn die Balkanhalbinsel ihre Wurzel zu diesem Uebergange in den nordöstlichen und den nordwestlichen Länderstrich aus.

In dieser Doppelkrümmung der Mittellinie gleicht Europa Scandinavien. Bei diesem gedieh sie zur Anschmiegung an das Hauptland, zur Erreichung einer eigenthümlich bevorzugten Gestalt.

Nun erscheint allerdings Europa als eine blosse Zuspitzung des gewaltigen Nachbarerdtheils, wie er sie auch im NO, im Lande östlich von der Lena erfährt; der Achse des Continents folgend, so dass, wenn man sich Südamerika derart hineingelegt dächte, dass seine Küstenlinien denen von Europa—Asien möglichst parallel liefen, jenes von Patagonien eingenommen würde., Und doch übertrifft es jede andere Halbinsel der Welt in dauernder Begleitung des Hauptlandes.

Wo Ural und Wolga in das kaspische Meer münden, scheint die Halbinsel sich ablösen zu wollen; die Fortsetzung jener Küste leitet über die Niederung am Manytsch zum asowischen Meere. Aber in einem breiten Bande schliesst das Kaukasusland die beginnende Halbinsel an das Hauptland an. Am Bosporus und Hellespont nähern sie sich wieder zum Berühren: da wo Asien die Landbrücke Kleinasiens herüberbreitet, und Europa an der erwähnten Biegung des Stammes und seiner Mittellinie, ja selbst der gegenüberliegenden Seite im einspringenden Winkel der Ostsee, seine Länderstriche von Nordosten und Nordwesten her nach der breiten Wurzel der Balkanhalbinsel hin vereinigt, und diese, als Abschluss, gegen das Westende Asiens vorragt; Halbinseln und ein Inselarchipel vermitteln die Annäherung. An der Stelle aber, wo die Südküste Europa's sich von Asien völlig entfernt, wird Nordafrika ihr Begleiter, Morea die Ausbuchtung von Barka, dem Südende der Apenninenhalbinsel die Nordostspitze des Atlaslandes entgegensendend; während der Stamm von Europa auf eine Strecke der Nordküste Afrika's parallel nach Westen verläuft, um sich dann entschieden der Stelle zuzuwenden, wo Afrika zum letzten Male, am Ende der Nordküste, zur Halbinselbildung gelangt. Da wo die Südküste Europa's endet, weicht das Gegengestade gegen Süden zurück.

Es ist eben, wie die scandinavische Halbinsel in den einspringenden Winkel der Ostseeküsten, zwischen Mittel- und Osteuropa, so unser Welttheil zwischen Asien und Afrika hineingelagert, mit derselben Bedeutsamkeit dieser Stellung; und ergänzt den Umriss des grossen Continents, ähnlich wie sein eigener durch Scandinavien gerundet wird.

Können diese Beziehungen zu den Nachbarerdtheilen ihres Eindruckes nicht ermangeln, so wird durch sie jene oben angedeutete Symmetrie im grossen Umriss des Welttheiles etwas völlig Auffallendes, und es drängt sich die Frage auf: wie weit sie wohl als etwas Zufälliges, nicht in einer Einheit des Reliefs Beruhendes sich erweise.

Alle Küstenpunkte liegen im Meeresniveau. Es ist aber das Relief, welches durch Form und Grösse der Erhebung den Umriss von Linien gleicher Höhe gestaltet. In einfachen Beziehungen: Grössere Höhe des Ganzen, sanftere Böschung erweitern den Grundriss — denn als Grundriss der von ihr umgrenzten Erhebung ist jede Isobypse anzusehen; breiterem Grunde oder steilerer Böschung, oder beiden vereinigt entspricht die grössere Höhe. Vermag nun eine genügende Anzahl wohlvertheilter Höhenlinien jedes Mass der Erhebung, so auch, auseinandertretend oder sich drängend, den Grad der Steilheit anzugeben, so findet sich selbst in der einzelnen von ihnen andeutungsweise der Charakter der Erhebung ausgedrückt, ob sie von einem höchsten Punkte — einer Spitze — oder einer höchsten Linie — einem Rücken oder Kamme — sich abdache. Senkungen im Kamme, Vertiefungen im Abhange ziehen die umgrenzende Höhenlinie herein, um die hervorragenden Spitzen wird sie sich erweitern. So bildet sich ihre Zeichnung, wenn wir den Abfall an allen Stellen als gleich betrachten dürfen. Da aber die vereinzelte über die Böschung nichts zu sagen vermag, wird sie immerhin das Profil der Erhebung und die Art, wie durch diese ihr eigener Umriss entstanden ist, unentschieden lassen. Denn nicht nur, dass an der einen Stelle ein stärkerer Abfall sie zurückdrängt, oder dort eine Verflachung, eine Terrasse, knapp über ihrem Niveau, gleich der bedeutendsten Erhebung sie ausweitet; kaum unter das Niveau der Linie gesenkt, wird dieselbe Terrasse verschwinden. Das Niveau zu hoch genommen lässt als vereinzelte Höhen emportauchen, was die Gesammtmasse krönt, zu tief aber zusammenwachsen, was, in sich verschieden, nur am Fusse sich trifft und da eine Schwelle bildet.

So wenig als die einzelne Isobypse die Erhebung oder Werth und Bedeutung der eigenen Krümmungen mit Sicherheit beurtheilen lässt, vermöchte der Küstenumriss uns da Antwort zu geben, wenn sich nicht andere Höhenlinien, als Ausdruck der Böschungen, hinzugesellen. Solche bietet das eingeschlossene Terrain mit seinen Meereshöhen; und bereits stellen die Karten, mit Hilfe der gemessenen Meerestiefen, auch die äusseren, unteren Böschungen dar. [*)]

Am einfachsten bildet sich die Beziehung zwischen Relief und Umriss, wo eine einzelne Bergmasse aus dem Meere emporragt, und sich auf der Karte als rundliche Insel zeichnet: wie etwa Thasos, Paros und so manche andere desselben Archipelagus; oder Kraterinseln wie Santorin mit seiner Sichelgestalt; Bergrücken,

*) So Petermanns' ausdrucksvolle Karte von Europa im Stieler'schen Handatlas.

längliche Inseln bildend, wie manche Sporaden oder ganz ausgezeichnet die dalmatinischen Inseln; bereits zusammengesetzt Doppelinseln wie Skyros, Ithaka, zwei Massen durch schmalen, niedrigern Isthmus verbunden; aus zusammenhängenden Bergketten aber besteht Euböa, Kreta (in der Ferne das völlig ähnliche Java) mit ihren Ausweitungen um die erhabenen, den Einschnürungen der flacheren Strecken; oder es trifft das Meeresniveau einen Kamm in zu grosser Höhe und hat ihn in eine Reihe gleichgestreckter Inseln aufgelöst. Eine schöne Abstufung hat sich da von der Höhe des Olymp an an ein Küstengebirge angeschlossen, die Halbinsel des Pelion, darauf die Kette von Euböa und zuletzt die Berghöhen der östlichen Cycladenreihe. So hat jede der grössern Sporaden in einer nahen Berghalbinsel ihr Vorbild; so prägte das Gebirge von Chalcidice mit den drei gegen Südosten lose anhängenden Ketten den Umriss der Halbinsel in der Wurzelfläche und den Landzungen und ihren Isthmen aus. Eine grössere Form ist Morea mit seiner mittleren Berglandschaft und den hervorragenden Ketten. Aus einer Linie, von der Mitte Euböas über den Isthmus an das jonische Meer gezogen, treten, gleichmässig gegen Südosten, sechs Landstreifen in's Meer hinaus. In denselben stellt sich auf das Schönste der Uebergang dar vom massigen Festland zur schwächeren, dann nach Euböa hin immer entschiedeneren Halbinsel- und Inselbildung, je nachdem das Gebirge gestaltet ist und die Meeresfläche über dem concaven Profil tiefer Zwischenthäler, am Fusse auseinandertretender Bergketten rundliche, nach aussen sich erweiternde Buchten, oder, wo das Relief weniger einfach, inselreiche, zackig gerandete, gänzlich durchbrechende Weitungen und Arme bildet oder geradlaufende, kleingebuchtete Küsten längs des Fusses der Ketten: in allen diesen Formen aber liegt jene Regelmässigkeit und jener Parallelismus, wie er auch sonst Gebirgszügen eignet.

. Denn breitere Landmassen, die aus dem Meere hervortreten, sind nicht aus einem in die Höhe und Breite gleichmässigen Anwachsen des Profiles entstanden, und die Berge des Festlandes sind nicht zehn- bis hundertmal höher als die der Inseln. Aber Bergzüge pflegen, an einander gehäuft, parallel oder auseinanderlaufend, als Gebirge ein Ganzes zu bilden, in welchem auch die Thäler, wo die Abhänge sich schneiden, auf ihren Sohlen höher gelegen sind als das aussenliegende Terrain.

So erscheint es an den beiden grossen Halbinseln, die neben einander gegen Südosten ziehen, der Apenninen- und der Balkanhalbinsel. Sie gehen dort vom Stamme des Welttheiles aus, wo dessen mächtigste Gebirge, die Alpen und die Karpathen, quer vorliegen, und Gebirgszüge, an deren Enden anschliessend, so nach Südosten zwischen die Meere hinaustreten. An der schmaleren westlichen ist es ein einzelner Zug, am Passe bei Genua mit der letzten Alpenkette verbunden. Die breite Basis der östlichen rahmen weit von einander entfernte Züge ein: als westlicher Rand die Südostwendung des östlichen Alpenendes, als östlicher Eckstein das Gebirge der Dobrudscha, in der Fortsetzung des äussersten Karpathensaumes; in die Mitte aber tritt die Fortsetzung des hohen Karpathenzuges, welcher den südlichen Rand desselben Hochlands bildet, und wendet sich, dem westlicheren Zuge parallel, Südosten zu.

Während aber in Italien der eine Zug mit seinen parallelen Vorketten die

Halbinsel in stetiger Breite erhält, und erst wo er sich wendet, jene Ketten abschneidet, und in Calabrien eine fast zur Breite von Kreta verjüngte Halbinsel weit nach Süden fortsetzt, ist es von den drei Zügen auf der Grundlinie der östlichen Halbinsel nur der westlichste, der von den Alpen, welcher in gleicher Stetigkeit, ja parallel mit dem italienischen, wie ein Gebirge mit ihm, den äussersten Süden der Halbinsel erreicht; von seinen östlichen Nachbarn senkt sich der an der Donaumündung sogleich zum Ufer des schwarzen Meeres; der mittlere aber wendet vor dem Despotodagh nach Osten um, nun, als Balkan, dem Gebirge über der Donau, mit dem er verbunden, wieder parallel. Auch er fällt zum schwarzen Meere ab, erhält aber die Halbinsel fast in ihrer ursprünglichen Breite.

Diese Ost-Westrichtung dringt bis zum letzten Zuge an der Adria vor, dem sich der Schar Dagh in die Quere legt; jener wendet sich entschiedener, fast senkrecht darauf nach Süden. Der grosse Winkel zwischen beiden Linien wiederholt sich nach Süden in Bergketten, aber auffallender in den beiden Küstensäumen, wo der Archipelagus die grosse Halbinsel in den thracischen und den griechischen Ausläufer scheidet. Dort ragt nur noch Chalcidice, als Abbild jener Kreuzung, gegen Süden vor. Von da an ist das Land in's Meer gesenkt, und die Ketten von Nordwesten und die von Osten aus Kleinasien[*]) bringen es, im Winkel der Kreuzung, um Naxos, nur zu einer dichteren Inselgruppe. Die Gipfel aber ragen weniger hoch über ihre Basis (am Meeresgrund) empor als die des Festlandes im Osten und Norden.

Die beiden Halbinseln, die asiatische und die europäische, begegnen sich, wie ihre Gebirge, in scharfem Winkel; die Küste der einen auf einer Linie oder parallel mit jener der andern. Ihre Gebirgszüge streben, sich wendend, einander zu, und die merkwürdige Stelle des Durchbruches, am Bosporus, liegt in der Mitte des Bogens, wo die thracische Küstenkette nach Osten zur kleinasiatischen umbiegt.

Italien hingegen, von einem gleichen Gebirge gebildet, legt sich an die Westseite der türkischen Halbinsel hin. Wo aber die Hauptketten hüben und drüben parallel nach Süden abbiegen, verbleibt die apulische Halbinsel in der Richtung jener nördlicheren Nebenzüge des Apennins, und, auf einer Linie mit ihrem Ostrand, kommt das Küstengebirge von Epirus mit Korfu, diagonal zum Pindus, doch der dalmatinischen Küste, Chalcidice und Euböa parallel, ihr entgegen. Damit findet auch das adriatische Meer seinen Abschluss.

Aehnlich dem Walle, der vom Bosporus durchbrochen, zwischen zwei Meeresbecken zum jenseitigen Gebirge hinüberführt, ist Calabrien der Uebergang des Apennins, gegen Südwesten, zum Gebirge, das längs der Nordküste Siciliens die Richtung jener Züge des Ostens wieder aufnimmt. Doch ebenso constant, nicht im Fortsetzen aber im Parallelismus, erscheint hier jene Südostrichtung wieder, bildet Sicilien zum Dreiecke, seine Südküste parallel zu den Küsten der Halbinsel; selbst die Reihe von Malta folgt dem Zuge, und die Linie, auf welcher im Syrtenmeere

*) Setzt sich nicht auch die Linie der thracischen Chersonneses, über Inseln, gegen Südwesten, parallel dem Schardagh, zum Nordende Euböas fort?

Pantellaria gegen Linosa gestreckt ist, bildet die letzte Parallele zum östlichen Karpathensaume.

Dasselbe Streichen, welches die Bergküsten am Mittelmeere, durchdringt die Gebirge weithin über den Stamm des Welttheils. Vom Teutoburger Walde an ziehen die Ketten, einander parallel, oder eine in der Linie der frühern auftauchend, gegen Südosten. Im Innersten des Alpengebirges, auf dem hohen Tauernkamme, bricht mit einer Wendung diese Richtung an. Und wie der Kamm zwischen seinem frühern und diesem neuen Zuge schwankt, zweigen sich hohe Seitenketten, wie die des Grossglockners nach Südosten ab; und der fernere Verlauf des mittleren Alpenzuges geschieht in wiederholter Theilung zwischen jener Hauptrichtung der Alpen und dieser neuen, in deren Zone das Gebirge hereinreicht. Die südlichen Kalkalpen wenden auf gleicher Linie mit den Tauern in dieselbe Richtung um, um ferner deren Hauptzug zu bilden.

Aber auffallender ist, dass Linien, die im Innern jenes Gebirges fast senkrecht auf seine sonstige Kammrichtung auftreten, nicht blos in den Grundzügen der nächsten Länder, sondern weit über das Mittelmeer hinaus in den langgedehnten Küsten des rothen Meeres, den Gebirgen seiner Ränder, so gleich dem adriatischen Meere, in dem Thale des persischen Meerbusens und seiner grossen Zuflüsse, in den Ketten der begleitenden Gebirge ihre Stetigkeit bewähren.

Dies ist nicht von den Tauern ausgegangen. Auf weite Erdstrecken erhalten die Länderumrisse Züge aus dem Gepräge eines Gebirges, nicht durch dessen gewaltige Masse, Erhebung und Sockelausdehnung in die Ferne gewirkt, auf eine Weise wie etwa der Berg die kleine Insel bildet; sondern es scheint in den Beziehungen auch ferner Gebirge jener Parallelismus und jenes Beharren auf Linien grösster Erdkreise zu liegen.

Ueberraschend aber ist es und stört, ja nimmt die Anschauung des Welttheils als eines einheitlichen und als solchen symmetrisch gebauten Ganzen, wenn soviel von seinem Umriss mit dem Gepräge ferner, seitlich gelegener Ländergestalten so sehr zusammenhängt; das Relief, quer durch den Stamm, sich unter seitlicher Einwirkung bildet, an der Stelle, wo in gleichem Sinne seine Mittellinie jene Wendung nach Westen vollzieht.

Gegenüber dem französischen Bergland und dessen steilem Abfall nach dem Rhonethale theilt das Alpengebirge in seiner ganzen Breite dessen Richtung nach Süden; und auch diese hat, in weniger hervorragender Weise, aber dem Gebirge mehr eigen, am Umrisse Europa's mitbilden geholfen, in der meridionalen Reihe von Corsica und Sardinien, welche zur Nordspitze Afrika's weis't, wo die letzten Ausläufer des Atlas sich entgegenwenden.

An dieser merkwürdigen Stelle, zwischen Sicilien, Afrika, Sardinien, treffen sich drei Hauptrichtungen der Gebirge und Küsten.

Gesondert steht weit im Westen die pyrenäische Halbinsel ab. Die ganze Länge des Atlaslandes dehnt sich von Sicilien an zu ihrer abgewendeten Südspitze hin aus. Wie ihr Umriss sie, am Abschlusse des Welttheils, als dessen selbständigste Bildung darstellt, ebenso tritt auch ihr Relief auf, wo sie, nicht angeknüpft an ein Gebirge des Festlandes, zur Hälfte diesem, zur Hälfte der Meerestiefe die Mauer des cantabrisch-pyrenäischen Gebirges gegenüberstellt. Wo dessen Sockel mit dem des französischen Berglandes sich trifft, hängen sie zusammen; doch ist es das Gebirge des Festlandstammes, dessen äussere Kette, die im Osten gegen die Alpen steht, sich nach der Richtung der Pyrenäen wendet; während diese, in völlig geradem Zuge, nur wenig von der Linie jenes westlicheren Gliedes, des cantabrischen, abgelenkt sind. Ebenso ist es nicht ein Gebirgsrücken, der die Halbinsel von der Wurzel nach der Spitze ausdehnt: deren Breite wohl spannen Ketten zu den Vorsprüngen aus, die Länge begleitet ihre Aufeinanderfolge in parallelen Zügen. So gestaltet sich die regelmässige Form von der Nord- zur gleich langen, fast parallelen Südküste. Hier kommen dem Ausläufer der Sierra Nevada die des Atlasgebirges entgegen und lassen beide Gebirge im Bilde dem Auge als ein Ganzes erscheinen; den Atlas als die südlichste jener Parallelketten, wie das bithynische Gebirge gegenüber dem Balkan und dem siebenbürgischen.

Hier nun tritt die Ost-Westrichtung, nachdem sie in einzelnen unterbrochenen Zügen sich quer durch die Zone der südöstlichen gedrängt hat, zum letztenmal herrschend auf, der Atlas weis't auf die Züge von Karien und Kreta[*]).

Es ist eine bedeutsame Erscheinung, wie eine lange Folge von Gebirgen vom äussersten Osten, wo sie am chinesischen Meere anheben, bis zum äussersten westlichen Eckstein — jene Halbinsel bildet ihn — den Continent durchzieht, so wie er selbst seine Massen hinstreckt, vergleichbar dem Cordillerengebirge, das die andere grosse Erdveste von einem Ende zum andern verknüpft; wie jene Gebirgsketten erst lange am Rande gleichgestreckter Hochländer, gleich Mauern, dann selbstständiger selbst aus dem Meere sich erheben. Noch einmal im letzten Gliede ist es das Hochland, dessen Ränder, dessen Zug die Ketten bezeichnen.

Denn nicht nur, dass die Halbinsel als geschlossene Hochlandsmasse vor den andern Ländern Europa's hervorragt, sie erhebt sich fast auf allen Seiten unmittelbar aus tiefen Meeren. Ueber die Tiefe des biscayischen Meeres ist ihre Ebene höher gehoben als die von Tübet über das fernere Bengalen; und von ähnlicher Mächtigkeit ist ihr Abfall nach Westen, Süden, Osten.

Da verschwinden im Vergleiche die schmächtigen Ketten der Gebirge wenn man blos an die Masse denkt. Und sieht man, wie an den Rändern Spaniens Gebirgsketten ganz ausser dem allgemeinen Zuge der anderen der Küste folgen, ja in diesem Hängen an der Küste so auffallende Gestaltungen bilden wie das Ebrogebiet, mit dem Gebirgsriegel, der dessen Tiefebene, wo sie am breitesten sich entfaltet hat, plötzlich ihrer Breite nach vom Meere abschneidet; so möchte man an jene Annahme denken, welche die Gebirge für secundäre Begleiter,

---

[*]) Die grössten Erdkreise folgen, je höher die Breiten sind, um so weniger den Parallelen, auch wenn sie auf eine Strecke ostwestliche sind. Auf dem beschränkten Raume der Karte von Europa, etwa von der gewöhnlichen conischen Projection, mögen sie nicht zu sehr von geraden Linien abweichen.

als spätere Folge vorgezeichneter Küstenlinien erklärt [10]). Doch vergleicht man die dafür als Argument angeführte Westküste Südamerika's mit der analogen Afrika's, so wird man eben bei jener längsten geraden Küste der Erde gezwungen sein, dem Gebirge als solchem einen wesentlichen Antheil an der Bildung des Umrisses zuzuschreiben.

In Nordamerika aber sieht man das Land vom Mississippi an durch Hunderte von Meilen ganz allmählig zu grosser Höhe aufsteigen, bis zur Linie, auf der das Felsengebirge sich erhebt; von der Linie breitet sich das Terrain nicht mehr im Steigen, vielmehr in Beckensenkung aus bis hinüber zu jenen grossen parallelen Ketten, welche den Rand gegen die Tiefe des westlichen Oceans bilden. Es pflegen Gebirge ziemlich allgemein die Linien bedeutender Terrainabstufungen zu bezeichnen, zu begleiten, als die Krönung oft durch breite Länder ausgedehnter Sockel; sie werden wohl darum so oft zu Küstengebirgen, so dass sie ihre eigene Regel des Streichens, des Zusammenhangs den Küsten selbst aufprägen.

In Spanien bilden so die Gebirge die Scheide zwischen höheren und niedrigeren Plateaustufen.

Scheiden Gebirge Länderstufen, schliessen sie Plateauländer ab, so sind sie es auch, welche ferne Länder gegenseitigem Anschlusse nähern; so kommen der grosse Zug der asiatischen Gebirge und der der Cordilleren Amerika's sich entgegen; so die Hochländer der beiden Amerika; im Süden des Welttheils streckt sich die patagonische Cordillere dem nahen Polarland entgegen; so sendet Asien gegen Südosten die Berghalbinsel Malacca und den Bogen der Sundainseln aus.

Aehnlich schliesst sich Spanien in seiner südlichsten Kette an das Atlasland an. Denn nicht nur jener Parallelismus liegt in den Gebirgszügen, auch ein sich Suchen durch Wendung der Linie des Streichens, durch Aussenden abbiegender Züge.

Aber auffallend ist es, wie sich dadurch die drei südlichen Anschlüsse Europa's an die Nachbarerdtheile so gleich gestalteten: als der Bogen, der das westliche Ende des Mittelmeeres umgibt, der von Calabrien und Sicilien, der am Bosporus: alle drei, an der innersten Stelle der Krümmung durchbrochen, eine bedeutsame Lage für Punkte des Verkehres, an den Enden von Meeren und Ländern, schaffend. Sollte man nicht die Krümmung, in der das dem bithynischen parallele Gebirge der Krimm sich zum Kaukasus wendet, mit der Strasse von Kertsch hinzuzählen?

Wo, in weiter Ferne, das Hochland von Nordamerika mit dem unter einem östlichern Meridian gelegenen des südlichen Welttheils sich verbindet, da sind es, an der Seite des tiefen caribischen Meeres, zwei solche Bogenkrümmungen, in denen Bergketten hinüberleiten: in der Mitte der einen, wo der Streif am schmalsten, die Kette am niedrigsten, liegt Panama. Scheint nicht überhaupt solche Bogenform die häufigste Gestalt schmaler Wälle zwischen tiefen Meeresbecken zu sein? So ist

---

[10]) Peschel in seiner so bedeutenden und anregenden Schrift: „Neue Probleme der vergleichenden Erdkunde," 77 ff. Vgl. 67.

Cuba, zwischen dem mexikanischen und dem caribischen Meere, gebogen, mit der Senke von Havannah. Wie mögen sich aber dazu solche Züge wie die der kleinen Antillen an der Ostseite desselben Meeres, die Inselreihen des östlichen Asiens verhalten? Und scheint nicht in dieselbe Klasse zu gehören der hohe Wall, der, zwischen grossen Meerestiefen, die gerundete Reihe von Cerigo über Kreta nach Rhodus bildet? Oder die Reihe der ionischen Inseln von Sta. Maura nach Zante, vor dem Golf von Patras? Und die Linie der Nordküsten von Iviza, Mallorca, Menorca an das Gleiche zu erinnern?

Von auffallender Aehnlichkeit sind aber auch Formen des Festlandes: Gleicht nicht die Lage von Genua an der Gebirgssenkung der von Kertsch; der Bogen, der zwischen zwei Tiefebenen, im Innersten von der Donau durchbrochen, die beiden Parallelgebirge, das dacische und den Balkan verbindet, dem von Gibraltar?

Durch schmale Landstreifen wird so die reiche Gliederung des Mittelmeeres vollendet; der Zusammenhang seiner einzelnen Räume aber bleibt erhalten. Doch jene Gestalten, welche schmächtig aus dem Meere hervorragen, erheben sich auf einem viel mächtigeren Sockel aus grosser Tiefe. Vom Gebirgskamme des südlichen Calabriens senkt sich das Terrain zu Tiefen des Meeresgrundes, etwa gleich der Tiefe der Küstenniederung unter dem Andenkamme von Quito in derselben horizontalen Entfernung. Und wäre das verhüllende Meer weg, so würde man den Kegel des Aetna über naher Tiefe, auf einer Strecke von zwölf Meilen, sich so hoch erheben sehen als den höchsten Vulkan Amerika's über entfernterer Küste. Fast gleich erhaben stünde die Meridianreihe von Sardinien und Corsika da; ihr nördliches Glied, die Westalpen, aber würde hinter dem Himalaya, wie er über der Gangesebene steht, nicht zu weit zurückbleiben. Die Tiefenbecken des Meeres zeigten sich durch compacte, mächtige Schwellen geschieden.

So energisch wie der Umriss ist also das Relief des Mittelmeeres gestaltet. Es wird wenige Erdräume geben, auf denen, wie zwischen dem biscayischen Busen und dem Libanon, eine in fortlaufender Richtung gezogene Profillinie von 500 Meilen Länge neunmal zu Niveauabständen von 15—26 tausend Fuss, und jedesmal an bedeutenderen Gestalten [11]) sich höbe oder senkte.

Wunderbarer, ja, dächte man sich alles Meer von der Erde weg, vielleicht die überraschendste Gestalt ihrer Oberfläche, ist diese Senkung inmitten des breit gehobenen Continents, hinab bis zur mittleren Tiefe des Oceans. Depressionen, welche, trocken daliegend, unsere Aufmerksamkeit so sehr erregen, wie die beschränkte des Jordanthales oder die schwache an der unteren Wolga, würden vor jener verschwinden.

Noch auffallender würden diese Senkungen durch die Begleitung der hohen Gebirge, welche sich um sie, an ihre Ufer scharen; durch die Reihenfolge, in der die Becken, durch Wälle von einander geschieden, doch eine grosse ununterbrochene Thalfolge in's Innerste des Continents zusammensetzen, so dass selbst Reihen

---

[11]) An den Pyrenäen, Sardinien, Sicilien, Kreta; eine Nordwendung zum Kaukasus gäbe noch einiges zu jener Zahl hinzu.

sich diagonal verbinden, wie die des westlichen mit der südlicheren des östlichen Mittelmeeres und mit dieser eine Reihe im Norden Kleinasiens. Denn, durch die Abhänge des Kaukasus für den Wasserlauf nicht völlig geschieden, liegt das Becken des Caspisee's in der Achsenlinie des schwarzen Meeres, und noch weit ostwärts dehnt sich am Nordrande des asiatischen Hochlandes die aralische Senke hin.

Diese Reihe begleitet, tief vom Inneren Asiens her, den Nordfuss des lang gedehnten Hochlandrückens, Kleinasien ist zwischen den Tiefen beider Reihen gehoben und es folgt noch Morea. Aber von da an in westlicher Folge ist die Achse selbst des Erhebungszuges von Meeresbecken eingenommen: die Alpen im Norden und südlich der Atlas rahmen ihre Tiefen ein, wie in Asien Randgebirge oder die begleitende Kette des Kaukasus das Hochland. Doch am Ende des grossen Zuges mahnt Spanien an dessen frühere Gestalt, und die Pyrenäen stehen, wie dort der Kaukasus, seinem Hochland zur Seite.

Das Bedeutungsvollste aber ist jenes Ein- und Durchdringen des diagonalen Südostzuges an der Stelle, wo der ostwestliche eine Senkungsreihe wird, so dass die Meereseinbrüche vom indischen Ocean denen vom Westen her entgegenkommen und der breite Continent bis auf ein schmales Band durchbrochen ist. Diese Lockerung des Continents hat höchst bedeutende Gebilde geschaffen: zwei Linien, die, von Gibraltar nach Aden und vom Norden der Ostsee nach Indien gezogen, das Durchbruchsgebiet herausheben, fassen damit die historischen Landschaften des Continents ein; das Gebiet des phönicischen Handels im Alterthum und des mittelalterlich italienischen liegt an seinen Meeresstrassen.

Denn sondern die Beckenreihe des Mittelmeeres und jene nördliche Europa als Welttheil ab, so hat erst jene Kreuzung in der Bildung seichterer aber tief eindringender Meere wie der Adria und des Archipelagus ihn so energisch gestaltet, die Reihen in Verbindung gesetzt, die Ablösung vollendet; die Wasserwege durch den Continent unter sich verbunden, welche einst den Handel der Venezianer und Genuesen in sein Innerstes und an seinen äussersten Rand führten.

Liegt aber nicht die gewaltige Senkung des jonischen Meeres mit dem tyrrhenischen in derselben Südostlinie? Und beide begrenzen das Gebiet dieser diagonalen Richtung: nur wo sich die Schwelle von Calabrien und Sicilien zwischen beide gelegt hat, da folgen noch die letzten jener Züge bis zu Malta und Pantellaria.

Haben Senkungen Europa als Welttheil abgesondert und gebildet, so haben jene grossen Züge von Gebirgen und Hochländern ihn mitgebildet, abhängig von den Gestalten der Nachbarerdtheile und haben ihn durch Schwellen, Inselreihen, Halbinseln an diese geknüpft. Die Senkungen und Erhebungen in ihrem gedrängten Zusammensein, im Entsprechenden von Lage und Linien bilden ein Ganzes, eines ausserordentlich stark und reich ausgeprägten Reliefs der Südseite des Welttheils.

Ein Sinken des Meeresspiegels um fünfhundert Faden würde die beiden seichteren Meere, welche die Diagonalrichtung einfurcht, im Umriss Europa's verschwinden machen, und indem sich die Landfeste aus Asien bis an den Abgrund des jonischen Meeres vorschöbe, wäre Italien mit der Wurzel verwachsen, zu der seine Gebirge hinweisen; das jonische und tyrrhenische Meer bespülte die Küste des asiatisch-europäischen Landes. Aber Morea gegenüber würde am Ufer des jonischen Meeres Sicilien zum östlichen Eckpfeiler des nördlichsten Afrika's werden, seine Ostküste, nach Süden fortgesetzt, zur Ostküste, die Nordküste so zur Nordküste dieses Landes. Im Innern der Bucht von Tarent, wo einmal, zum erstenmale, die Römer mit den Griechen und Karthagern sich feindlich trafen, würden Afrika und Asien, wie jetzt die beiden schwachen Südhalbinseln Italiens, im Uebergange zu Europa sich treffen. Doch die breite Verbindung, der grosse Zug gienge, wie er auch jetzt, nur scheinbar und schwach gelöst, in den Gebirgen abgezeichnet ist, vom asiatischen Hochland in die Mitte Europa's vor. Nur zwei schmale Bänder würden auch dann Afrika damit verbinden, in den Enden des Atlaslandes. Aber nicht um so viele Faden, nicht um ein Drittheil jenes Masses müsste das jetzige Meer durch das Sinken der Länder an den Küsten emporwachsen, und das Atlasland wäre von Afrika als einem fremden Erdtheile gelöst; und würde Spanien, das sich dann leise von seinem Festlande getrennt hätte, noch immer gleich nahe, augenscheinlicher als jetzt mit ihm das letzte Glied der grossen Ost-Westreihe bilden.

Viel selbständiger scheint sich Europa auf seiner äusseren, der Nordwestseite, aus den Tiefen des Oceans zu erheben; von seiner Mitte aus gegen diesen die Glieder auszusenden. Und doch sind hier die Halbinseln vom Stamme gelöst; die eine hat fern im Nordosten, völlig umgebogen, einen schmalen, schwach erhobenen Anschluss gefunden, während ihr Gebirge mit seiner gewaltigsten Bildung dem Festlande fern gegenüber vor einer Meeresspalte abschliesst; so ist auch das Gebirge Grossbritanniens im Ocean draussen am höchsten, mächtigsten, das Relief verflacht sich gegen den Continent zu und lässt das Land, in seiner Lage das Gegenbild Italiens, zur Insel werden. Die Alpen aber und die grossen Züge Mitteleuropa's bleiben jenen Gebirgen ferne.

Wohl nicht dass wir hier vor Bildungen nach andern Regeln stünden. Wir sehen wieder Berge und Gebirge die ausgesprochensten Formen des Umrisses bilden, massiger oder in einzelnen, in auseinanderlaufenden, in Ketten, deren Fuss zu einer Landfläche verschmilzt, wie das schottische Niederland zwischen dem Cheviot- und Grampiangebirge, oder die flache Niederung Irlands. So wie drüben der Apennin der Rückgrat des Landes, so dehnt der Penninezug den Norden Englands aus; und ein Gebirge als Linie einer Terrainabstufung stellt prachtvoll das scandinavische dar, bis zu dessen Fusse sich das Profil von Osten her allmählich hebt, um über dem Kamme drüben in eine Meeresspalte abzufallen, die sich knapp um das Gebirge herumzieht; drüben breitet sich flach der Grund der Nordsee aus. Auch in diesem Gebiete der nordwestlichen Gebirge kehrt mit dem Parallelismus der Züge die Wiederholung ihrer Umrissformen wieder; die Halbinselreihen von Chalcidice und Südostgriechenland treten kaum schöner in's ägäische Meer vor, als die Spitzen von Wales und Irland in den Ocean; und so liegen die Hebriden als eine parallele Inselkette dem bergigen Schottland vor. Bergzüge folgen auch hier einer der Linie des andern, lassen einen grossen Zusammenhang vor Augen treten. So ist es wohl mit den Uferbergen des südöstlichen Irlands und dem Küstenzuge von Hochschottland, augenscheinlich aber mit den irischen Gebirgen, die nach Nordosten dem schottischen Grampiangebirge entgegenziehen; weit über der Nordsee wenden sich aber die höchsten Zweige der scandinavischen Fields dieser Linie zu, der Nordseeboden liegt dazwischen. Mitten in dessem Nordrande erheben sich die Shetlandsinseln, wohl durch die Lage auf jene Verbindung weisend, nach Gestalt und Gruppirung ein meridionaler Parallelzug zu Nordschottland: ähnlich der Insel Karpatho in der Bogenreihe von Kreta.

Parallel zur Achse dieser Gruppe, aber in Lage und Anordnung auf der Linie Schottlands und seines nördlichen Gebirges, liegen, weiter nach Norden hinaus, die Faröer, und in gleicher Folge, durch seichtes Meer getrennt, durch eine unterseeische Schwelle verbunden, Island, und seichtes Meer führt nach Grönland. Auch auf dieser Seite ist Europa von fremder Verbindung nicht frei und hat auch hier diese an seinem reichen Umrisse arbeiten geholfen. Denn es ist an Grossbritannien nicht die erhabene Mitte des Welttheils, welche sichtlich ihr Relief dahin ausbreitete, wie es am Mittelmeer das Bild der Karte vielleicht vermuthen liesse.

Zur grossen Gestalt von Scandinavien bildet das Zusammengesetzte im Umriss und Relief von Grossbritannien einen eigenthümlichen Gegensatz. Zwar streckt sich die Insel nach der Linie von Island her; und eine Weile folgt ihr mittlerer Bergzug derselben Richtung. Im Uebrigen setzt sie sich zusammen aus Gebirgen verschiedenen Zuges, bildet Isthmen mit äusserster Senkung des Profiles, drückt im Umriss völlig die Art des Reliefs aus. Ihre westliche Schwesterinsel aber hat das Gebirge knapp am Rande; zwischen zwei einander parallelen Zügen, die, der eine über dem andern vorgeschoben, die Parallelseiten eines Rhombus darstellen, das Innere als flaches Tiefland ausgespannt. Man könnte vielleicht an Spanien denken, stürzten die umrandenden Höhen nach tiefen Meeren ab. So ist aber Irland mit seinen Höhen nur wenig über die Meerestiefen gehoben; einen ganz andern Eindruck macht die Reihe Corsika—Sardinien als dieses schwache Relief der beiden Züge, die zusammen die Insel einfassen. So bezeichnet auch das mannigfaltige, kleingefügte Gebirge von Grossbritannien keine Erhebungen gleich denen am Mittelmeere. Die Energie der Erhebung scheint der einfacheren Gestaltung der Linien, grösserer Längenerstreckung günstiger zu sein.

Es ragt die Inselgruppe aus einer Terrasse hervor, die wie ein Vorland, nur wenig unter dem Niveau des Meeres, als Niederung des Welttheils sich mit schwacher Senkung ausbreitet, bis an den Rand des Abfalles nach grösserer Tiefe, nicht zu weit ausser den Stöcken von Nordirland, der Hebriden, der Shetlandsinseln, und parallel ihrer Linie.

Das flache Profil der Nordsee, ja von Grossbritannien und seiner Umgebung, und hinüber zur Ostsee und zum Ural, steht dem des Mittelmeeres auffallend gegenüber, da es doch so ähnliche Umrisse erzeugt hat. Aber hier, wo das Relief sanfte Böschungen breit ausdehnt, genügt eine geringe Hebung, um weithin neues Land emportauchen zu lassen, eine schwache Senkung, um grosse Strecken hinabzutauchen, den Umriss ganz energisch zu verrücken und neu zu bilden. Wie sehr macht sich die Hebung Schweden's im Vorrücken der Küsten fühlbar, während am Mittelmeere meist nur Verseichtung von Häfen oder aber örtliche Versumpfungen von solchen Vorgängen sprechen. Ja, während im Gebiete des Mittelmeeres Vorgänge gewaltiger Aenderung in der Vertikalen, und wären sie auch von grosser Verbreitung gewesen, wohl nur beschränkt die Kraft zeigten, den Umriss neu zu zeichnen, zunächst schon aus dem einfachen Verhältnisse von Grundriss und Böschung: so mag uns das Relief des Nordens, wie es so nahe um das Meeresniveau schwankt, eher die Möglichkeit grosser Landentblössungen und Landverdeckungen, wie sie zunächst in die historischen, dann auch in die physischen Verhältnisse des Erdtheils einzugreifen im Stande wären, vor Augen stellen.

Es hat sich aber hier der Umriss gegen eine grössere Macht auch anderer umgestaltender Kräfte zu vertheidigen. Vom offenen Ocean dringen die Fluth und die Stürme herein, wie sie kaum an einer anderen Erdstelle so rege sind und die Küste so in Unruhe versetzen. Die Gewalt der Brandung unterhöhlt die höchsten Küstenfelsen, dass die obren Theile nachstürzen, und das Getrümmer wird von den Wellen verwaschen und weggeführt. Und so sehen wir niederes Hügelland am Meere mit senkrechten Wänden abgeschnitten, und die Gebirge steile Rippen, ohne flachere Landanlage am Fusse, in das Meer vorstrecken; während am Mittelmeere ein Saum in ruhiger Strömung angeschwemmten Landes die Abhänge der Küstengebirge umkleidet, die Umrisslinie in Buchten rundet, diese sich so einfacher darstellt als die Höhenlinien im Lande, die vom Relief allein gebildet sind. Und wie an den Delten ruhigerer Meere die Mündungen der Flüsse sich selbst verschlammen, der Umriss ausbiegt, so werden sie dort am Ocean, von der aufsteigenden und rückkehrenden Fluth ausgegraben und ausgewaschen, die Küstenlinie tiefer eindringen lassen, als es im Thalprofil gelegen; so zwängt sich auch an jenen Steilküsten des Oceans das Meer zwischen die Bergzüge hinein, über der Sohle der eingesenkten Thäler, und vereinigt die Kraft, je mehr der Weg sich verengt, auf einen Punkt, den Umriss tiefer ausprägend. Was wiederum am meisten vorragt, ist dem Andrang und der Zerstörung am meisten ausgesetzt, und hier arbeitet das Meer am Verwischen kräftigerer Küstenzeichnung. Aber beides ist ein Arbeiten in's Land hinein.

Wird das Meer mit unverminderter Kraft immer tiefer zerstörend in das Land vorzudringen im Stande sein? Die grösste Gewalt hat es vielleicht gegen Wände, die sich prall entgegenstellen; und auch da vermag die Höhe der Felsen durch die Menge der Trümmer, vielleicht auch durch die Festigkeit des unteren, der Brandung ausgesetzten Gesteins, seine Arbeit sehr zu verlangsamen. Aus dem Meere emporgehobene Steilküsten zeigen zuweilen die ehemalige Uferlinie als eine Terrasse, ein Zeichen, wie das Meer wohl an der Oberfläche, wo Fluth und Ebbe wechseln und die Wellen ihre ganze Wucht haben, kräftig arbeitet, nach der Tiefe aber zurückbleibt. An der Stelle aber, wo sich nun unter der Oberfläche eine solche Terrasse vorlegt, beginnt schon an ihrem Rande die Gewalt der Wellen sich zu brechen, da überstürzen sie sich; und wird der Rand der Terrasse auch zerstört, so vermindert sich doch an ihrem allmählich sich erhebenden Abhang die Stärke der Wellen; ihre zerstörende Thätigkeit hat nun erst das Bett zu vertiefen, und je weiter vorwärts, desto schwerer scheint ihre Arbeit zu werden.

Und ähnlich, wo das Meer in die Thäler der Küste eindringt. Jedes Vorschreiten hat die Abtragung des höher gelegenen Thalinnern zur Bedingung. Wo freilich die Thalsohle unter Wasser, da vermag die Fluth, wo sie zwischen die Wände mehr und mehr eingeengt immer höher steigt, rascher fortzuarbeiten. Oder an den Felszungen und schmalen Halbinseln, welche, selbst viel zerklüftet und nur schwach mit dem Festland verbunden, vom Meere an den günstigsten Punkten am meisten angegriffen werden. Ist es hier durchgebrochen, so ist die Halbinsel vom Festlandssaume abgelöst, und durch die offene Strasse stürzt das Meer mit grösserer Gewalt, die Insel rings umfassend.

Zu solcher Lösung wie vorbereitet scheinen mehrere Halbinseln im Westen Schottlands. Ja die ganze zersplitterte Küste mit ihren Strassen, Fjorden, Inseln hat ihr Gegenbild hinten im zerrissenen Gebirge, mit seinen isolierten Stöcken, seinen Thälern, Thalverbindungen und Seen; selbst die Kreuzung der Fjorde zeigen diese schmalen Tiefseen in der gegenseitigen Lage vor; und wäre das Land ein Stück hinabgesenkt, so dass das Meer in die Thäler dränge, es böte sich wieder dasselbe Bild in der neuen Küste, ähnlich bis auf die Tiefenstellen, wie sie jetzt im Inselgewirr der Fjordküste die Thäler am Meeresgrunde da und dort stärker einfurchen. So ist es denn nicht blos auf Rechnung eines ruhigeren Meeres zu setzen, wenn an der Ostküste desselben Landes, wo das Gebirge sich regelmässiger, weniger seenreich allmählig abdacht, jene Küstenformen verschwinden. Auch an den norwegischen Küsten wurde beobachtet, wie die Schichten der vorliegenden, vom Festlande losgerissenen Berginseln nach dem Meere zu, die der gegenüberliegenden Küste in's Land hinein abfallen, die Trennung vor dem Eindringen des Meeres geschehen war.

Wiederum sehen wir hier, wie im Grossen, so im Einzelnen, das Relief des Gebirges den Umriss angeben.

Eine solche Gestalt des Gebirges aber treffen wir im Süden nicht, es müsste denn in den abgetrennten Plateau's der Kalkalpen sein; so zeigt etwa die Halbinsel Istrien derartige Spalten oder' hier vielmehr Einsturzthäler (Canal di Leme), senkrecht auf die Küstenrichtung in das Land eindringend [12], am Grunde vom Meer eingenommen. Peschel hat aufmerksam gemacht, wie jene Zerrüttung von Gebirgen und Küsten an gewisse Breiten und klimatische Bedingungen geknüpft sei [13]. Diese

---

[12] Diese Stellung zum Küstenverlaufe wird von Peschel als das unterscheidende Merkmal der Fjorde angegeben.

[13] Offenhaltung der Gebirgsspalten durch Gletscherbedeckung; Gletschererosion bringt im Eintiefen nur sehr Geringes zu Stande.

Bedingungen liegen in der unmittelbaren Nähe des Meeres am entschiedensten vor; hinter jener äusseren Küstenzone ist zuweilen der Himmel mit einem Schlage anders. So hätte sich das Meer in den Stürmen und Wolken der Luft selbst vorgearbeitet. Aber der Bau des Gebirges, vielleicht in der Folge aufgerichteter Schichten, muss die Anlage gegeben haben [11]).

Den Angriffen des Meeres sehen wir, wie die Dinge nunmehr vor sich gehen, selbst jene Aufreibung der Gebirge durch die Atmosphäre und das fliessende Wasser gerade entgegenwirken, indem ihr Schutt, an den Küstensaum getragen, das Land anwachsen macht. Auch hier ist es das Relief, welches, diesmal nicht blos durch die Form, sondern im Wirken physischer Kräfte, am Umriss bildet. Je höher, gegen die Schwerkraft, das Land, das Gebirge sich zu heben vermochte, désto unaufhaltsamer wirkt nun dieselbe Schwerkraft, die Höhen abtragend, die Grundrisse zu erweitern: so an den Schutthalden der einzelnen Felsen, so in den Ausweitungen der Gebirgssäume der Festländer. Je steiler die Erhebung, je näher dem Meere, je regelmässiger und ungehemmter die Böschung bis an die Küste, desto ergiebiger und derber wird der Schutt hinabgelangen. Und scheint ein kleineres Inselland, wegen jenes ungünstigeren Zahlenverhältnisses zwischen Flächeninhalt und Küstenumfang, weniger im Stande, seine Ufer genügend mit Stoff zu versorgen und dem zehrenden Meere das Gleichgewicht zu halten, und scheint es vielleicht darum dem allmählichen Untergange geweiht, so mag es oft in der Höhe und Gestalt seines Profils einen Fond des Anwachses bergen, durch den es ein grösseres überflügelt und sich behauptet. Noch mehr, wenn es so glücklich angelegt wäre, dass sein härteres Gestein dem unruhigsten Meere entgegenstünde, weicheres im Inneren mit genügender Raschheit den Anwachs besorgte; an einer ruhigeren und seichteren Küste. Denn ein bewegtes Wasser zerstreut, was ihm zugeführt wird; nur wo die Massen gross, erhalten sie sich. Zu einer solchen Sammlung von Schlammassen gelangen freilich am besten grosse Länder mit den ausgebreiteten Flusssystemen, deren Wasserläufe in ein einziges Delta münden. Ein solches Delta, wie es oft nach grossen Tiefen sich abdacht, gleicht einer Verlegung der Gebirgsabhänge im Lande an den Rand, in's Meer hinaus.

Die weiten Mündungen unserer oceanischen Ströme, verglichen mit den Deltabildungen des Mittelmeeres, zeigen, wie für die Gier jenes anderen Meeres auch die Zufuhren grösserer Flüsse kaum ausreichen. Doch geht nicht alles weggeführte Material dem Lande verloren. Regelmässige Meeresströmungen mit ihrem ruhigeren Gange lagern, indem sie oft, abgelenkt, eine Küste streifen, manchen Detritus wieder unmittelbar an dieselbe ab: wo sie vielleicht, an einen Bergvorsprung stossend, hinter demselben sich wieder allmählich ausbreiten und in der Bogenform des gebildeten Landstreifens sich bekunden, wie die Landzunge, welche das Mar Menor bei Carthagena abschliesst, die Nehrungen der preussischen Küste; oder so manche Küstenbuchten zwischen Vorgebirgen. Wo eine Litoralströmung an die Bucht selbst

---

[11]) An der Kette des Elias- und Schönwetterberges wird die so insel- und fjordenreiche Küste Nordamerika's ganzrandig.

herankommt, schief ihre Uferlinie treffend, wird die allmähliche Ablenkung einen ähnlichen eingeschweiften Bogen erzeugen, wie schon der einzelne schräg eintreffende Wellenkamm am Strande ihn beschreibt. Und wo die gewöhnliche Richtung des Windes und der Wellen zwischen zwei Vorgebirgen direkt auf die zurücktretende Küste hereindringt, da wird die Ablenkung und das Verlaufen der Wassermasse wohl Anlass zu derselben Bogenbildung, im Abspülen sowohl als im Anschwemmen. Die Grundlage zu derselben gab vielleicht schon das Profil, wie es am Fusse der Berge sich mehr und mehr verflacht. An der toscanischen und griechischen Küste sehen wir aber isolierte Bergmassen, einstige Inseln, welche das Meer hinter sich ruhig erhielten, durch Anschwemmungen vom Lande mit diesem verbunden, an der Spitze zweier zusammenlaufender Küstenbogen.

Auch hier in der letzten Contourzeichnung treffen wir das Gebirge als formbestimmendes Gerippe. So hat sich die oceanische Seite der iberischen Halbinsel in den Küsten geformt, welche die hintereinander coulissenartig hervortretenden Bergzüge verbinden; so hinter der Wand des cantabrischen Gebirges, welches Winde und Wellen nach Osten lenkt, die Dünenküste der Gascogne. Wo nun, hinter dem Walle der normannischen Halbinsel, das Meer auf die weichen Kreideküsten des östlichen Canales trifft und zugleich, von Norden her, der Gegenfluth offen, an die gleichgebildeten Küsten Ostengland's und Dänemark's stösst und den flachen friesischen Strand sich entgegen hat, ein völlig seichtes Meer, da ist der rechte Raum für Zerstörung und Neubildung.

Zwischen der Spitze von Havre und der von Calais, von Fels zu Fels, tieft sich ein Küstenbogen mit den erweiterten Mündungen kleiner Flüsse ein; ein flacherer, weiter gezogener Bogen folgt in der niederländischen Dünenküste. Nur an den weit geöffneten Rheinmündungen ist der Rand merklich meerwärts ausgebuchtet und nimmt in der Folge, ohne dass wieder eine Erhebung drängte, denn es liegt die Zuydersee dahinter, eine entschiedene Nordrichtung an; es hat hier der Rhein und seine Anschwemmung an der Wendung mitgewirkt [13]. Auf diesen Bogen folgt der convexe Bogen des äusseren Inselrandes bis an die Wesermündung; die der Westküste von Dänemark und, zwischen zwei Vorgebirgen den Nordweststürmen gegenüber eingebettet, das Segment der jütischen Jammerbucht, endlich die Ausspitzung von Skagen.

Der einförmige Rand ist häufig, nicht nur an den Flussmündungen, durchbrochen, und es hat sich das Meer in Buchten hinter ihn ergossen. Denn die Dünenreihen, eine Gebirgsbildung durch Wellen und Winde, halten das Land geschützt; als Sturmfluthen sie durchbrachen, kehrte das Wasser nicht mehr zurück und bedeckte bleibend das Land, das schon unter dem Meeresniveau gelegen hatte. In früherer Zeit aber, als jene Dünen sich bildeten, muss es wohl zu ihrer Linie hinausgereicht haben. Es wird denn auch aus diesem Vordringen des Meeres auf eine eingetretene Senkung des Küstenlandes geschlossen.

---

[13] Doch vollzieht sie sich auch an der gegenüberliegenden Küste von Ostanglien und der „tiefen Rinne" des Meergrundes.

So sahen wir auch bei den gebirgigen Steilküsten erst das Sinken des Landes die zerstörende Kraft des Meeres erneuern, ihm überall frische Angriffspunkte bieten.

Die Küste Englands am andern Nordseeeufer ist noch auffallender als die irische durch Hügelzüge, wie sie gegen Süden immer weiter hinaustreten, bestimmt, und das Meer so allmählich verengt. Wo dem von Norden kommenden Fluthandrange ein Zug entgegensteht, da ist es wieder die Steilküste; hinter hervorspringenden Spornen wie dem Flamborough Head in Yorkshire, legt sich vor der Humbermündung eine Flachküste an, mit leicht geschwungenem Umriss, wie die südlich am Monte Gargano, in eine Sandspitze endigend; der Humber scheint südwärts gedrängt. Wo aber v o r einem solchen Vorsprung, vor den Hügeln von Ostanglien oder Kent, Flussthäler münden, da tritt das Meer breit und mehrfach einschneidend herein; selbst die Tiefenfurchen seines Grundes ziehen den Oeffnungen zu. Wie jenseits des schmalen Meeres die holländische Küste, rundet sich der Saum von Ostanglien zu einer nach Süden hin verflachten Curve; Bänke und Furchen des Meeres, wohl das Bett der Strömungen bezeichnend, laufen ihrem Zuge parallel.

Das Ganzrandige der Umrisse eines Hügellandes, dessen Isohypsen sicher ein Gewirre von Zickzacklinien darbieten, weist so bestimmt als die scharf und tief eingegrabenen Flussmündungen darauf hin, wie sehr das Meer an diesen Küsten mitgebildet hat, wegspülend und anlegend, die Linien verflachend. So zeigen drüben hinter der täuschenden Dünenlinie Zuydersee, Dollart und Jahdebusen in ihren Contouren das leicht Gesenkte und Gehobene des Reliefs, die buchtenreiche, zierliche Gestalt, welche es für sich der Küste geben würde. Noch greller ist der Abstand zwischen den grossgezogenen Curvenlinien der jütischen Küste und dem zitternden Umriss des Lymfjordes im Hügellande der Halbinsel. Und wie gleichen dem die äusseren östlichen Küsten von Seeland und Rügen mit den abgerundeten Köpfen, rundlichen Buchten, und wieder die Contouren der inneren, ruhigen Meerestheile. Bergprofile von der zackigsten Kette bis zu den durch die Länge der Dauer verflachtesten Formen weisen nichts Auffallenderes an Veränderung vor.

Von den drei Strassen, welche aus den westlichen Gewässern nach der Ostsee führen, scheint die kürzeste, offenste, durch welche auch die Schiffe verkehren, am meisten vom durchziehenden Meere in den Rändern vereinfacht worden zu sein. Man kann sich beim Anblicke ihrer trichterförmigen Ausgänge nach beiden Seiten der Vorstellung kaum entschlagen, dass wie jenen Flussmündungen die andrängenden Meere ihnen die Pforten erweiterten. Und das Bestimmte im Südostzuge der drei Strassen, das unbestimmt Gebildete in der Gestalt der Inseln, lässt fast ein Werk der Meeresfluten in diesem Archipelagus erkennen.

Auch an der Strasse von Calais — ihre Form ist dieselbe — hat das Meer durch das sinkende Land sich Bahn gemacht. So wurde das Innerste Europa's, so unsere deutschen Handelsstädte mit dem offenen Ocean verbunden.

Freilich eine Küste wie die jütische an der Nordsee wurde durch dieses umgestaltende Meer öde und für die Seefahrt untauglich, sie trennt ein ackerbauendes Volk von der See. Selbst grosse Länder wurden in der Gunst des Meeres hinter andere zurückgedrängt. Wie weit unbedeutender ist die Küste Frankreichs als die

der britischen Inselgruppe, welche dem Auprall des offenen Oceans die Arme fester
Gebirge mit ihren tiefen Thälern entgegenstellt, doch keine zusammenhängende
Mauer, sondern zwischen den Gruppen die Mündungen von Flüssen, als Wege nach
dem Innern; die weicheren, flacheren, weniger buchtenreichen Küsten von demselben
abwendet, dass sie schief vom Andrange getroffen werden und viele ruhige Plätze
bieten. Es ist viel gepriesen, wie dieses bewegte Meer die Anwohner kühn gemacht
habe in der Schiffahrt wie in den Uferbauten zu Lande. Aber es hat doch manche
Strecken unzugänglich gemacht und die Vortheile alle auf einzelne Punkte geworfen. So im Norden, wo die Stürme den Fischzug, den Segen der Küste, zur
Laichzeit hinter einzelne Inselgruppen treiben, und diese von nah und fern auf-
gesucht werden; so in der belebteren Nordsee, wo, oft zwischen weiten öderen
Küstenstrecken, die ausgetieften Flussmündungen durch die Fluth zu Handelshäfen
weit im Lande innen werden, während das Profil des Landes und seine Wasserläufe von allen Seiten dem Verkehre hieher entgegenkommen. An solchen Küsten
hätten die Griechen wohl nicht jene dichten Reihen von Colonien angelegt, Bucht
für Bucht, Insel für Insel, wie im Mittelmeere, da blieben gerade die Flussmündungen in ihrer Verschlammung leer, wenn sich nicht eine nachbarliche Stätte für
den Handel fand. Dagegen dort im Nordwesten sind es wenige mächtige Fluss-
städte, welche die Küsten zumeist beleben.

Beim Gedanken, welche Ausdehnung in der Dauer der Zeiten Veränderungen
auch durch solche Gewalten zu gewinnen vermögen, und bei der Betrachtung, was
kleine Gebirgsäste als Schutz des Landes, als Anhalt zu neuer Landbildung oder
im Ablenken der Fluthen und Strömungen leisten, wäre man, bei einem Blick auf
die Karte des Welttheils, fast versucht, diesen Gebirgsrand gegen den Ocean, der
sich vom Nordcap an über die Shetlandsinseln und Schottland, mit den Vorwerken
von Inselgruppen, nach den Südwestspitzen der beiden grossen Eilande hinzieht,
als schützenden Rand aufzufassen; darauf hinzuweisen, wie Irland sich hinter seinen
Vorbergen ausbreitet, hinter dem Gebirge sich das englische Hügelland erhalten
hat, Dänemark hinter dem Vorsprunge von Scandinavien; wie dort Land dem
Lande am nächsten, die Nordsee am schmalsten geblieben ist, wo die Achse des
englischen Gebirges den Nordwestzug Mitteleuropa's in den Ardennen trifft; ja
sicher haben die Rheinanschwemmungen eben in der Bucht der Gebirge eine Stätte
gefunden. Aber noch anders als in diesen Vorgängen der Spülung und Anschwemmung sind die Gebirge wie mit der Landbildung so mit der Landerhaltung
verbunden. Voll Eindruck ist es beim Anblick der Karte, wie eben so weit als das
schottische Gebirge sich nach Norden erstreckt, und bis zu den Shetlandsinseln
und zur westlichen Ausbreitung der scandinavischen Gebirge der höhere Boden der
Nordsee sich hinausdehnt, um nun nach der Tiefe zu fallen; ähnlich dem adriatischen Meere zwischen den beiden Halbinseln. Noch grösser ist die Erscheinung an
Scandinavien, hinter welchem Europa und der seichte vorliegende Meergrund soweit
nach Norden sich ausbreitet, als dessen Gebirge vorliegt. Freilich ist es die Halbinsel Kola, welche von diesem nach Osten hineinreicht.

Die Linie zwischen Schutz und Bildung, zwischen Bildung durch Erhebung und durch Anschwemmung, zwischen Schutz gegen Zerstörung und gegen Senkung wird sehr oft schwer zu ziehen sein. Gleicht nicht Jütland, in den Winkel zwischen den scandinavischen Küsten hineingelegt, in Umriss und Lage ganz dem hochgebirgigen Corsika, zwischen Alpen und Apennin auf demselben Meridiane? Und mag man zweifeln, dass es das Gebirge ist, welches Corsika die Gestalt gab, dass die Erhebung jenes zusammenschliessenden Alpen- und Apenninenzuges damit innig zusammenhängt, die Insel vielleicht als das ältere (oder doch der Ueberrest eines solchen) dasteht? Jütland aber ist viel späterer Entstehung als das Gebirge gegenüber, vom Meere weitergeformt; doch kann man auch seine Bildung von dem Zuge der scandinavischen Gebirge, aber als abhängig, nicht trennen. Sein Nordwestufer reicht nahe an den Rand der Tiefenfurche vor Norwegen, läuft mit ihm parallel hin; Corsika wiederum erleidet seine Verjüngung vor einer Meereseintiefung. Und ein getreues Abbild, in der Form der festländischen Gegenküsten vielleicht noch ähnlicher, ist im Mittelmeere Cypern.

Noch seltsamer aber muthet den Betrachter das völlig Entsprechende in den Umrissen einer Halbinsel wie Kola und eines Meerbeckens an, des östlichen Pontus: einer Erhebung, einer Senkung, völlig verschiedenen Ursprungs. Wie weit und bestimmt wird man denn aus einer vereinzelten Analogie Schlüsse ziehen dürfen?

Rundlicher Umriss liegt bei einer Senkung und ihrem concaven Profil nahe; auch an grösseren Meerestheilen kehrt er oft wieder; selten an Erhebungen. Die Inseln und Halbinseln Europa's sind eckig geformt, nur eintretende Bogen zeichnen ihre Küsten. So alle bis auf die eine Scandinavien, und die ist da fast ohne Gleichen auf der Erde. Wo sie einen Zweig absendet — denn auch hierin ist sie einzig — endet er in einer Abrundung, so Finnland, Kola, Finmarken, das südliche Norwegen; ja auch Schweden würde, wenn nicht Fremdes angewachsen wäre, in der Aussendung seines Gebirges solchen Umriss zeigen; so tritt wirklich das Vorland des Mälarsee's hinaus. Ist die Bildung in der Art dieses Gebirges gelegen? Und doch breitet es sich in Finnland als niedrige Platte aus, in Norwegen ist es hoch aufgestellt und zerrissen [16]).

Das Eigenthümliche dieses Umrisses wird noch eindrucksvoller durch die Stetigkeit, mit der seinen Wendungen die Gegenküste folgt, nur einen schmalen Meeresstreifen dazwischen lassend; wo an der Ablösung vom Continent Esthland gegenüberliegt, am bottnischen Busen die umgewandte Halbinsel selbst Küste und Gegenküste bildet, Schweden's Küste der Ausbiegung Finnland's parallel ausweicht, dem finnischen Busen entgegen wieder auslegt, und nun abermals der Saum des Festlandes, bis an die letzte Spitze von Jütland, sich gleichlaufend herumlegt, ein grosser Zug erhöhten Landes. Nicht so folgen sich die Ränder des atlantischen Oceans oder irgendwo gebogene Küsten auf dem ganzen Erdbilde. Und dann der unterseeische

---

[16]) Möchte nicht das völlig congruente und parallelgestellte in den Endformen der beiden grossen Arme Scandinavien's — Finnland's und Norwegen's — uns wieder an eine geographische Analogie mahnen?

41

Rand der Nordseeplatte, jenseits einer Tiefenspalte, von runder Linie, wie der Umriss des südlichen Norwegens. Und drüben das Gegenbild im weissen Meere, das mit der gerundeten Küste von Kola ein naher paralleler Gegenrand einfasst. Es zieht die Linie, die Buchten der grossen Flussthäler abschneidend, von Kanin über die hervortretenden Ränder bis zur innersten Spalte des Meerbusens. Diese Form des Halbringes, wir trafen sie bisher wohl an den reich vertheilten Landbogen; hier ist sie am Meere gebildet, die runde Vollform ist, statt eines Meerbeckens, die Halbinsel geworden.

An die Betrachtung solcher Formen knüpft sich gerne eine dunkle Vorstellung ursächlichen Zusammenhanges; sei es etwa bei jenen Landringen ein unterirdischer Widerstand gegen die Meeressenkung. Unwillkürlich aber ist man verlockt, an einer solchen Gegenform des Umrisses eine Gegenform des Profiles, so an Kola, wenn irgendwo, und wenn es einen Sinn hat, ein convexes Landprofil zu suchen. Der so regelmässige radiale Verlauf der Flüsse — anders als in dem ähnlich gerundeten Ostanglien — die flache Ausbreitung des Rückens, der stärkere Abfall gegen die Küste, wie ihn die Karten zeichnen, die schnell erreichte grössere Meerestiefe, scheinen eine solche Möglichkeit zu bestätigen.

Unweit davon ist die Insel Kolgujew, vielleicht die gerundetste aller europäischen, die regelmässigste in den radialen Flussläufen.

An derselben grossen Gebirgswendung, welche wie einen Zweig auf halber Linie die Halbinsel Kola aussendet, auf der andern, inneren Seite des Rückens, kündet der schönste radiale Zusammenlauf der Flüsse, senkrecht auf den Uferkreis der innersten Bucht, am bottnischen Busen, ein rein geschaffenes Beckenprofil an. Und drüben der schärfste Gegensatz in der Westbucht des weissen Meeres, tief eingeengt, Seenreihen parallel der Küste. Die Flussläufe Finnland's und Schweden's, das Bild vollsten Contrastes der Einfachheit und der Verwirrung, sind doch die Zeichen eines und desselben gemeinsamen Zuges nach Südosten, mit stärkerem oder schwächerem Falle; die Linien der finnischen Seen fast die Fortsetzung der schwedischen Parallelflüsse, in den Abflüssen sich entgegen- oder wegwendend.

Wie das horizontale Ufer das Streichen, weisen die Flussläufe das Fallen der Landabdachungen. An Scandinavien erscheinen die Haupttypen geradlaufender Flussschaaren voll ausgedrückt.

Fast verliert sich die Betrachtung an dieser klar und doch fast wie ein Welttheil reich gestalteten Halbinsel.

Scandinavien, das seit den ältesten Zeiten über dem Wasser steht, hat einmal weite Strecken des europäischen Flachlandes mit seinem Gestein überstreut, als dasselbe Meeresgrund war. Und jetzt noch scheint es Scandinavien zu sein, welches den Umriss ihm gegenüber, der ihm so treu folgt, bestimmt. Keiner Halbinsel bleibt das Festland so nahe, und keine doch ist so schwach angeschlossen, wie Scandinavien an der vom Wasser durchbrochenen russischen Seenniederung, und so selbständig; seinen Flüssen fliessen die vom Rücken des Welttheils nach der Ostseefurche entgegen. Wie es sich hier aber hebt und dem Festland zuwächst, wird es sich da nicht der Gestalt eines Gebirgsrandes am Welttheile nähern?

Nicht weiter als dieser hohe Rand geht denn das östliche Europa bis zum Ural hin nach Norden hinaus. Hinter Kola ragt die seltsame Form von Kanin vor, aus Curven zusammengesetzt, einer eingebuchteten parallel zu Kola's Küste, einem Nordufer convex gleich der Insel im Osten, und das Ostufer wieder hohl durch die Tschesskaja-Bucht, welche die Beckenform des bottnischen Busens wiederholt. So erinnert der Inselbogen vor der Petschora-Bucht an die fernen jonischen Inseln vor dem Golfe von Patras [17]).

Dort im äussersten Nordosten des Welttheils löst sich vom Ural, dem grossen Gegengebirge Scandinaviens, ein schwächerer Zug gegen Nordwesten, und bildet, als einer von jenen meerdurchbrochenen Bogen, die Inselreihe von Waigatsch und Nowaja-Semlja. Hinter ihr breitet sich, ihrem Ende nahe, das Festland zur grössten Polhöhe auf der Erde aus. Jener Arm festen Landes, fast ganz unter Schnee vergraben, scheint, wie er so weit in's Nordmeer hinausreicht, in der Lenkung der Strömungen nicht ohne Bedeutung für den Welttheil zu sein.

———————

Was sich uns im Umriss als Gliederung des Welttheils, vom Stamme ausgehend, symmetrisch zu seinen Seiten angeordnet darstellte, erwies sich in der Betrachtung, ob das Relief dieser Glieder sich von dem Stamme ableite, vielfach als weit selbständiger, an Fremdes, oft Fernes gebunden, so am Ocean aussen wie im engern Gebiete des Mittelmeeres, vielleicht entstanden als Theile eines andern, nun gelösten Ganzen. Statt der Symmetrie trat ein sehr verschiedenes Relief am äussern und am innern Rande des Welttheils hervor, wenn auch immer das Gebirge mit seiner Regel als Bildner oder eng mit der Bildung verwachsen auftritt. Eine Symmetrie des Stammes selbst schien wie das Herrschen desselben in dem Ganzen verloren zu gehen. Er ist im Relief kräftig gestaltet, wo seine Glieder im Süden eine solche Bildung aus Asien her fortsetzen, folgt auf der andern Seite, flach, den Umrissen einer grossen, selbständigen Halbinsel.

Der Stamm erreicht nur da die Breite eines Welttheils, wo er sich in seiner ganzen Ausdehnung als Halbinsel an das Hinterland anschliesst. Aber auch hier ändert das Relief an der Auffassung. Denn der Ural, dessen langgedehnter Kamm die rechte Grenze der Erdtheile ist, sei er auch der im Tiefland vereinsamteste Bergzug der Erde, bildet doch gleich manchem anderen Gebirge eine Linie der Terrainsonderung: zwischen den völlig flachen Niederungen des Ob und dem welligen Lande der Höhenrücken, die nach Europa hin von ihm ausgehen. Im Süden aber setzt Ritter die Grenze dahin, wo die asiatischen Niederungen des Caspi-See's an das Bergufer der Wolga, den Rand des europäischen Hügellandes stossen.

Vier Gebirge, der Ural und die Karpathen, das Kaukasus-Krimgebirge (oder

———————

[17]) Die Bucht ist so wenig mit den Limanen am schwarzen Meere und ihren Barren zu vergleichen, als der vielarmige Unterlauf des Flusses mit einem Anschwemmungsdelta.

das kleinasiatische) und das scandinavische, rahmen die Hauptmasse des Welttheils so ein, dass von einem Punkte unweit Moskau aus sich Senkrechte, von nicht zu verschiedener Länge, auf jedes derselben ziehen lassen. In dieser Mitte erhebt sich eine breite Schwellung, von deren Rücken, an den Quellen des Don, des Dnjepr, der Desna, Oka, Wolga, Düna, die Ströme gegen jene vier Gebirge abfliessen, nach den Tiefenfurchen, welche diesen vorliegen und, zum Theile meerbedeckt, den Landrücken von ihnen sondern.

Diese grösste im Welttheil, ohne Gebirge gebildete Landmasse, so selbständig gelegen, ist immerhin durch Höhenzüge an die entlegenen einrahmenden Gebirge geknüpft. Zwei Züge gehen, in weitem Abstande einander parallel, vom Ural aus; der südliche erreicht binnen Kurzem das Bergufer der Wolga, der nördliche, mächtigere und breitere zieht als Rand des Wolgabeckens, die grosse Wasserscheide gegen das Nordmeer, bis an die finnischen Höhen hinüber, um nun, nach Süden gewandt, mit jenem Landrücken der Mitte zu verschmelzen. Auf seiner Nordabdachung fliessen Mesen und Dwina auf der Linie des Nord- und des tiefabfallenden Südufers des scandinavischen Kola; doch darin auch parallel den Zügen, die am Knotenpunkte der Petschoraquelle und nördlicher vom Ural gegen Nordwesten hinausziehen, und den Seen- und Hügelzügen aus Finnland; diese ganze Zone paralleler Linien hat der wasserscheidende Landrücken quer abgeschnitten.

Gegen den Kaukasus hin sendet an der Annäherung von Don und Wolga, wo der eine Fluss die Linie des andern fortzusetzen sich anschickt, die Landhöhe einen schmalen Hügelrücken aus, der sich mit den letzten Vorhöhen jenes Gebirges trifft, auf der Landschwelle zwischen dem schwarzen und caspischen Meere. Und war die Steppenplatte am Don in demselben Südwestzuge wie der Obtschei Syrt, wie der Unterlauf des Don und Dnjepr, so hat über dem Dnjepr, näher den Karpathen, der Landrücken und seine Flüsse die Richtung dieses Gebirges angenommen; an dasselbe und an den Rand der deutschen Gebirge gelehnt, erreichen die Höhen die Wesermündung. So kamen auch die Ausläufer des nördlichen Landrückens, erst noch als Wasserscheide, dann durchbrochen, von Nordosten heran, und wenden jenen genähert um.

In so leisen, verflachten Erhebungen, auf so weite Gebiete vertheilt, zeigt die Karte doch das einfache Netz zweier Hauptrichtungen.

Sehen wir nun aber die eine in der Achsenlinie des Weltheils, durch dessen Länge vom Ural bis zu den fernen Sierren zwischen Tajo und Duero sich hinziehen, die Hälfte der Ketten Mitteleuropa's — wo die russischen Landrücken entgegenkommen — selbst mächtige Züge des Alpengebirges ihr folgen; und drüben den fernen äusseren Gebirgsrand gegen Irland hin sich gleichmässig wenden, während auf der andern Seite nach der Linie des Obtschei Syrt das Krimgebirge und das bithynische, ja noch die Berghalbinsel des thracischen Chersonneses ebenso gegen Südwesten zieht; beobachten wir dann, wie Grossbritannien auf der Achse Italiens liegt, die Durchbruchslinien der russischen Flüsse am Pontus parallel zum grossen Südostzug am Mittelmeere geführt sind, und parallel dazu jene Fluss- und Höhenzüge der Abdachung zum Eismeer, — so drängt sich die Frage auf: soll nicht das auf eine Einheit im Ganzen des Erdtheils bezogen werden? und was und wie viel stellen die Gebirge hier, als Ursache oder Folge, vor?

Aber dann sehen wir die spanischen Sierren dort nach Nordosten sich wenden, wo sie der grossen Schwelle am Ebrothale entgegenkommen, sie senkrecht zu treffen; die Alpen vor allem in jenen Zügen, wo im rechten Winkel die Südostzüge Südeuropa's sich abscheiden, die deutschen Gebirge in demselben Zusammentreffen, den äusseren atlantischen Gebirgszug dort, wo der vom fernen Nordwesten herüberkommt, senkrecht darauf. Und blicken wir auf jenen Anschluss der Parallellinien im Nordosten an Scandinavien, jenen Knoten am Ural, und wie sie völlig und quer durch den wasserscheidenden Landrücken abgeschnitten sind, so entgeht die Sicherheit, auf diese Uebereinstimmung der Richtungen als etwas augenfällig Einheitliches zu bauen. Und, wie viel mag Scandinavien's Lage, die Lage der südlicheren Erhebungen gethan haben, dass die Landrücken gerade solche Richtung nahmen?

Scheint denn nicht da, wo die russische Länderbreite die Karpathen und das deutsche Gebirgsland trifft, der Zug von NO. den von SO., wo nun die Mittellinie des Welttheiles sich wendet, gleichwie zwei Ströme im Zusammenfliessen eine neue Richtung formen, und wo die Vereinigung der Arme die Massenmitte des Erdtheiles bildet, die Fuge seiner zwei verschiedenen Hälften zu sein, der einen an Nordasien hängenden und der mediterran atlantischen? So vielleicht für die geographische Auffassung dessen, was nun als ein Gebilde dasteht [16]).

Hier konnte jener Länderraum von 90 Meilen Halbmesser, fast wie der russische, sich gestalten. Aber Gebirge theilen als Durchmesser und Radien diesen Kreis zwischen den Meeren; sein Centrum liegt in einem Gebirgswinkel [17]). Während jener andere, von Meeren und Flüssen rundlich umrissen, völlig ein Ganzes, nicht zerschieden, durch Wasserläufe reich verbunden, für Völker und Staat zu einer Mitte wurde, vermochte dieses Land sich in der Geschichte nie als die Mitte des Welttheils geltend zu machen, auch bei allen Versuchen nie als Ganzes einen Staat zu bilden.

Das Centrum von Westeuropa wird von einer selbständigeren Gebirgsmasse gebildet, dem französischen Hochland. Aehnlich dem Dnjepr und der Wolga umfliessen es Garonne, Loire, Seine und Rhone. So bedeutend es in der Mitte der Gliederung gelegen ist, scheint es unmittelbar wenig an dieser betheiligt zu sein.

So ist das Alpenland von den Linien seiner vier grossen Ströme, ähnlich die westlichen Karpathen, am schönsten die Ostkarpathen von dem Kreise der Theiss, der unteren Donau und des Pruth umgeben.

Solange ein Gebirge ungestört seine Abdachungen ausbreitet, fliessen die Flüsse daran herab, in der Fallrichtung nach aussen. Aber wo die Sockel zweier Gebirge sich treffen, bezeichnet ein Fluss ihre Grenze, der Richtung des Streichens

---

16) Vgl. die Karte Europa's zur Tertiärzeit in Heer's Floria tertiaria Helvetiae.

17) Wien, nicht zu fern ab von der Mitte, ist für jenen Punkt in den Waldkarpathen. über der Nordspitze des Theisslaufes, eingetreten in Bezug auf den Verkehr.

angenähert: ein Hauptstrom, der seine Zuflüsse von beiden Seiten erhält. Eine dritte Erhebung im Rücken mag oft den Zug des Wassers bestimmen. So ziehen im grössten und klarsten Flusssystem der Erde der Hauptstrom und seine Zuflüsse von den Cordilleren jeder senkrecht auf die Linie des Gebirgstheiles, von dem er kommt, als Radien des Bogens der Anden; sie bezeichnen in der Folge, während die leise Abdachung von Westen her noch fortdauert, die Grenze zweier andern grossen Gebirgssysteme. Und der Paraguay ist in grosser Ferne ein Parallelstrom der Cordilleren geworden, gleich dem Mississippi, der Scheidelinie zwischen Osten und Westen.

Weisen denn nicht die Flüsse, herabfliessend und wieder Erhebungen begrenzend, man möchte sagen, neben der verticalen die horizontale Gliederung[20] im Innern eines Erdtheils? Denn manche Flüsse sind Umrisse selbständigerer Theile des Continents, ihre Linien aber in innigem Zusammenhange mit dem Äussern, dem Meeresumriss.

Wo jetzt die theilenden Ströme Europa's fliessen, die Donau, Rhone, der Rhein, die Wolga und andere, da reichten einst trennende Meeresarme herein; und wo an der Vereinigung der grossen Stromthäler nun Handelsstädte liegen, da waren die innersten Buchten oder verbindende Meeresarme, ähnlich wie Genua, Triest in den Buchten, Constantinopel an der Oeffnung der heutigen Küste liegen. Wo nun eine reiche Stromentwicklung in grossen Wendungen weite Länder streift und gewaltige Nebenflüsse aufnimmt, da sind es manchmal die Länderumrisse alter Zeit, die sich an solchen Knotenpunkten begegnen. Man könnte den Welttheil fast so nach den Flusslinien, deren Gestalt, Richtungen, Reichthum und Zusammenwirken befragen, wie nach den Küstenlinien, die einen mit den andern vergleichen nach Eigenthümlichkeiten ihres Verlaufes, etwa im Parallelismus, in der Weise, wie sie die Erhebungsform ausdrücken, oder wie das gemeinsame Element des Wassers unter verschiedenen Antrieben an den einen, an den andern Aehnliches bildete, etwa an Rundungen, im Durchbrechen. Da werden sich die Flüsse in der ändernden Thätigkeit mit dem Meere nicht messen können, an Beweglichkeit ihrer Linien aber nicht zurückstehen; denn diese schwanken oft auf kleiner Scheide, um durch ein locales Ereigniss hier oder dorthin geworfen zu werden. Und dass sich die Flüsse auf die Höhe vorstehender Schwellen heben können und diese dann zu durchsägen beginnen, darin ist ihr Erfolg dem des Meeres überlegen.

Werden aber nicht die Fluss- und die Küstenumrisse eines jeden einzelnen Continents als gemeinsamer Ausdruck derselben Gliederung einen gemeinsamen, diesem angehörigen Charakter bewahren?

So werden die Stromlinien Erläuterungen des Küstenbildes. Wie man aber

---

[20]) Diese Begriffe, so wichtig für die physikalische und die historische Geographie, sind doch schwer in ihrer gegenseitigen Beziehung, mathematisch, zu fassen und zu sondern. Die horizontale Gliederung ist doch nur ein Ausdruck für die verticale, im Durchschnitt des Meeresniveau's, darin freilich von selbständiger Bedeutung; lässt sich aber eine verticale Gliederung, auch im Innern des Continents, vorstellen, ohne etwas, das man mit jenem nämlichen Ausdrucke bezeichnen muss?

an der breiten Mündung eines Stromes oft nicht unterscheiden kann, wo der Fluss
endet, das Meer beginnt und die Seestadt auch Flussstadt ist, so erweitert er durch
sein Gebiet das Gestade in das Innere des Landes. Die Ströme theilen die Räume
des Welttheils den Küsten, und diesen das Mass ihrer Bedeutung zu.

Keiner der Welttheile ist nun Europa an Reichthum der Flusslinién verschiedener Gestalt auf gleichem Raume, ja kaum im Ganzen gewachsen. Aber auch
Asien nicht in dem schönen, allverbreiteten und doch zum Durchbruch nach aussen
vollständig durchgeführten Netze. Auch Amerika, zur Entfaltung mächtiger Ströme
angelegt, hat einzelne abgesperrte Flussgebiete. Der Wolga freilich verlegt, wo sie
Europa verlässt, Asien den Weg. Die Schmalheit des Stammes, das Durchbrochene,
oft Zerrüttete der stärkeren Reliefformen, das selbständig Entwickelte in den Gebirgszonen, die glückliche Bildung der Länderbreite von Russland trugen das Meiste
zur Vollendung bei. Aber sind es nicht auch die Vortheile des maritimen Klima's,
welche den Flüssen halfen über die Schwellen zu steigen, sich den Ausgang zu
schaffen? Würde nicht Finnland in trockenem Klima, oder Irland, statt des Fluss-
seeensystems vereinzelte Lachen zeigen? Und würde nicht, unter den Regengüssen
eines umwölkten Himmels, das Becken um den Caspisee sich füllen bis zur Höhe
der Manytschschwelle, sich als gewaltiger Flusssee mit dem Meere in Verbindung
setzen? Halb und halb ein solcher Flusssee ist das schwarze Meer; und würde ein
ganzer, wenn der Bosporus sich schlösse.

Zu gleichen Theilen verbreitet sich dieses Flussnetz, zu den Seiten der e i n e n
Wasserscheide, auf die beiden Böschungen des Welttheiles. In dieser Linie, dieser
Theilung erscheint jene Symmetrie Europa's vor den andern Welttheilen, wo die
Abdachung einseitig, oder die Meere weit getrennt. Die wohlausgeführten, wohl
vertheilten Flussläufe vermögen den Reichthum, den eine günstige Küstenentwick-
lung dem Erdtheile giebt, zu verdoppeln.

Aber, in der horizontalen Gliederung des Umrisses so sehr verdeckt, tritt in
der Flusszeichnung aller Gegensatz zwischen der äusseren und inneren Hälfte des
Erdtheils in seiner Grösse hervor. Denn nach dem nordwestlichen Meere fliesst die
ganze Schaar parallel die einförmigere Abdachung hinab, von der Petschora bis
zur Garonne: eine Reihe von Flüssen nicht so verschiedener Länge, von geringerer
Abwechslung im Laufe. Diese Gleichförmigkeit spricht es aus, wie wenig das Grund-
gerüste des Stammes daran gearbeitet haben mag, durch Scandinavien und Grossbritannien den Umriss so reich zu gestalten.

Die Nordwestabdachung bildet einen gleichmässigen Streifen. Das innere Meer
aber hat sich im Westen nur ein knappes Gebiet erobert, durch den Ebro, die
Rhone, den Po. Im Osten hingegen sind es, von der Donau zur Wolga, wenige
grosse Flüsse, welche tief in den Erdtheil eingreifend die Gewässer dieser Hälfte
— an Gesammtfülle vielleicht geringer als die der äusseren — auf schmalen
Küstenraum versammeln. Grosse Beckenströme sind hier entwickelt, Wolga, Dnjepr,
Donau. Es veranschaulicht recht die weitreichende Faltung der Oberfläche, welcher
Meere und Flüsse folgen, wenn die beiden grössten Ströme Europa's, der eine von
Westen, der andere von Norden her Meere finden, die gleicherweise sich strecken;

es ist das Meer im Flusse, der Fluss im Meere, als sein Hauptstrom, weithin fortgesetzt.

Zum schwarzen Meere freilich sammeln sich, im Halbkreise von den Alpen zum Kaukasus, grosse und kleinere Ströme, als Radien eines gemeinsamen Beckens, das auf dem Grunde der See seine Tiefe findet. Mehr als ein Fünftel des Welttheils umfasst der Raum, aus dem es die Gewässer heranzieht, die Donau aus 200 Meilen Entfernung. Kommen nun aber die drei grossen Flüsse in Durchbrüchen aus eigenen Becken herab, wird uns das hindern, jenen ganzen Raum als Senkungsgebiet des Pontus zu betrachten?

Wie weit greifen denn so Meeresbecken in das Land hinein, mit der Küste auch sein Inneres, seine Flusslinien bildend?

Auffallend ist es, wie der Pontus und sein östlicher Nachbar ihre grossen Tiefen dem gebirgigen Südufer nahe haben, und doch von dieser Seite kaum ein bedeutender Fluss, und der, nachdem er sich erst landeinwärts gewendet, dem Meere zufliesst. So wendet sich vom Ostufer des Mittelmeeres der Euphrat ab, während unweit davon das Meer den Nil aus einer Ferne von mehr als dreissig Breitegraden erhält, die längste Stromlinie der Welt. Soll denn die gewaltige Senkung des Mittelmeeres so weit hin das Relief von Afrika herabgedrückt haben? Doch es ist eine lange Spalte, durch welche der Nil nach dem Meere hinausgeleitet wird, im gleichen Laufe mit der Spalte des rothen Meeres; kaum ein Fluss der Erde fliesst so lange knapp am Meer her. Vom schmalen, scharfgeendeten rothen Meere fliessen auch im Osten die Flüsse ab; es ist der Gegensatz zum Pontus. Gleicht ihm aber nicht die Adria, auf gleicher Linie, in ähnlicher Schmalheit eines Streifens zwischen die Gebirgszonen eingesenkt und von den Gewässern da und dort so sehr gemieden, dass die Quellflüsse der Save, wenige Meilen von ihm entsprangen, dem fernen östlichen Meere nachgehen?

Das Mittelmeer ist im Osten scharf quer abgeschnitten, so der Caspisee am Südrande. Ist aber nicht das westliche Mittelmeerbecken von breiten, allenthalben gerundeten Formen; und doch haben sich mit ihren Flüssen Spanien, Frankreich, Deutschland von ihm abgewendet. Westeuropa ist als ein erhöhter, am inneren Rande aufgestülpter Halbring um dieses Becken herum gebildet, etwa wie Santorin an Gestalt. Und da hat die Mittellinie des Stammes ihre zweite Krümmung.

Nur Tiefenfurchen zwischen den Systemen der Erhebung, am Ebro, an der Rhone, senden Gewässer nach innen.

Wenn die Meere in Beckengestalt sich an die Steilränder emporgehobener Länder unmittelbar mit bedeutenden Tiefen anfügen, soll man sich dabei nicht denken, dass eine energische Landerhebung vielleicht eine Senkung neben sich im Gefolge hatte; und so die Gebirge sich selbst Senkungen schufen, das Meer tief in die Continente hineinzogen? Wie liegt denn sonst in den Rücken des Continents, auf der Achse seiner höchsten Erhebungszone, das Mittelmeer schmal, lang, tief eingesenkt? Anderen Erdtheilen sperren die Gebirge wie Mauern das Innere auch für den Zug der Wolken vom Meere ab; doch hier, gebrochen in individualisirte Erhebungen, wären sie selbst Hilfe gewesen, dass das Meer mildernd, verbindend hereintrat.

Wir trafen das Gebirge, erst, wie es als Bergmasse einer Insel, das Meer verdrängend, durch seine eigene Form den Uferrand bildet; wie es mit seinen Zügen grösseren Umrissen Regel, Beziehung und entschiedene Ausprägung giebt; wie es durch das Gefälle seiner Flüsse den Stoff zu neuer Landbildung schafft, und wieder das Land vor rascherem Untergang durch die Wellen oder selbst durch die Senkung schützt; und nun, wie seine Erhebung Meere geformt, geschaffen hat.

Das Ineinanderwirken sich freier zu vergegenwärtigen, versuche man nur den Küstensaum darauf hin anzuschauen, dass das Meer an die Stelle des Landes, Land für Meer eintrete. In dem Seltsamen, womit dann dieselben Linien uns anmuthen, liegt die Verschiedenheit der Bedingungen beider Formen ausgesprochen. Die Betrachtung möchte nicht ganz müssig sein; hier sei nur hingewiesen auf die kettenförmige Aneinanderreihung gestreckterer wie ungeschmälerter, voller Formen durch kurze, schmale Isthmen; an die für sich ausgebildeten und abgeschlossenen und doch in den meist rundlichen Umrissen einförmigeren Gestalten, welche ein Land gleich dem Mittelmeere und seinem Anhange, von allen jetzigen Ländern der Erde unterscheiden würden. Solche Züge lassen schliessen, dass hier nicht blos etwa Lücken der Landbildung mit Wasser ausgefüllt wurden [21]), sondern dass auch selbständige Bildungen eigenthümlichen Ursprunges, der Senkung, darin sich abzeichnen, und diesen wohl eine allgemeiner und gleichmässiger wirkende Ursache als jene, durch welche die unregelmässigeren Hebungsgebilde entstanden, zu Grunde liegt, die Schwerkraft: welche von dem Punkte oder der Linie der ungehemmtesten Wirkung aus central das Becken bildete, bis zum Uebergange in die Höhen oder zur Stelle, wo ein Land sich steil erhebt. — Wohl würde jene Isthmenverbindung, zu Land geworden, nicht lange bestehen bleiben; das neue Meer fände auch sonst manches zu frischer Veränderung bereitet.

Auf dem Uebergange vom Halbringe des westlichen Europa's zum grossen Becken am schwarzen Meere liegt das Donaugebiet. Die mächtige Erhebung der Alpen hat die Wasserscheide des Welttheils südwärts gezogen, dass ihre Linie eine Bucht bildet, vom obern Rheingebiet eingenommen, einer Meeresbucht vergleichbar. Doch wäre nicht, im Streichen der Westalpen freilich, das Thal zwischen Schwarzwald und Vogesen eingesenkt, hätte nicht der Rhein durch den Jura und das nördliche Gebirge den Weg gefunden, so bliebe auch dieser Raum dem südlichen Meere. So gleicht im Osten die Enns dem Oberrhein und auf ihrer Linie fliesst nordwärts die Moldau; aber die Enns wird von der Donau mitgenommen, wie einst die Gewässer der Nordschweiz [22]). So fliesst auf einem der merkwürdigsten Gebiete die Donau zwischen Rhein und Main nach Osten, der nördlichere Fluss dem inneren Meere zu. Den einen Fluss senden die Alpen dem Norden zu, den andern halten sie vom südlichen Meere ab, in Durchbrüchen gelangt er nach Osten. Auf dem Wege umfasst er, fast wie der Rhein Vogesen und Schwarzwald, die Karpathen. Denn inmitten der grossen Senkung zum schwarzen Meere erhebt

---

[21]) Wie etwa in den Spitzen des asowischen und weissen Meeres oder von Lakenderun auch an grösseren Meeren.

[22]) Vgl. Rütimeyer, Ueber Thal- und Seenbildung.

sich dieses Gebirge, ein gesondertes Becken umgebend, ja der Rand ist gegen den Pontus aufgestülpt, die Flüsse Siebenbürgens werden erst von der Donau wieder nach Osten mitgenommen. Die Verbindung der Alpen mit Asien hat den Fluss zum zweitenmale nach Osten hinausgedrängt, in die Mitte zwischen Osteuropa und Westasien.

Die Alpen haben den Südabfall Europas gewaltig gestört. Nur wenige Flüsse, die Rhone, kürzere von jenem Gebirge herab verbinden, nach Süden sich senkend, in raschem Uebergang die Landschaften verschiedener Klimate; bei den grossen Strömen des Ostens geht Reiz und Reichthum dieses Wechsels durch das Steppenklima des Unterlaufes verloren. Hierin steht unser Welttheil, an nordsüdlicher Küstenentwicklung so weit voraus, hinter Nordamerika mit seinem Mississippi sehr zurück. Aber im Ostlaufe der Donau und Wolga, quer über die Linien mancher anderen Ströme, sind grosse verbindende Formen geschaffen. Sie verhalten sich fast wie Meeresküsten zu jenen Flusssystemen im Norden und Süden: die Donau zu den deutschen und denen der Türkei; mit den Ausgangspunkten zu ihnen gleich Handelshäfen. Um so bedeutender sind Wolga und Donau, als sie in der Längenrichtung des Welttheils, jene zu den Pässen des Urals leitet, diese die Strassen aus Asien von den Ufern des schwarzen Meeres durch die Gebirgszone nach dem Westen fortführt.

Denn von der Stelle im Osten, wo noch ferne vom Kaukasus der grosse Gebirgssaum des Ural sich verliert und den Völkerzug offen lässt, bis dorthin, wo der Gebirgsrand von Scandinavien und Grossbritannien eben so ferne von den Pyrenäen am Meere abbricht, und das grosse Seethor im Westen frei bleibt, zieht sich, von Flüssen und Gebirgen zuweilen gefolgt, öfter hemmend durchstrichen, die Länderreihe des mittleren Europa's; der nördliche, der südliche Gürtel des Welttheils hat den Wechsel von Meeren, Ländern, scheidenden Gebirgen.

So liegt Europa da, das Dreieck: ein grosses umrahmendes der meerdurchbrochenen Gebirgssäume, dessen weiten Umfang wir am Eingang zogen; das innere des Stammes, vielfach damit verbunden und durch Meeresfurchen wieder getrennt, in seiner inneren Zeichnung durch die Flüsse gleich reich und selbständig ausgeprägt. Die beiden Dreiecke Amerikas, wie einförmig sind sie durch starre Gebirgsreihen eingefasst, und zwischen ihnen ein paar Strombecken die einzige Länderform unermesslicher Gebiete.

Gebirgs- und Fluss- und Küstenlinien, als Ausdruck derselben Erscheinung des Reliefs mit demselben Charakter gebildet, heben sich wechselseitig in der Bedeutung. Erschien der einfache Küstenriss des Welttheils beziehungsvoll, so wird durch das Ineinandergreifen die Betrachtung unerschöpflich.

Zur Veranschaulichung einige Punkte.

Am einfachen Küstenriss erschien es uns glücklich gebildet zur Milderung und Befruchtung des Subtropenklima's, dass hier schmalere Länder reich mit Binnenmeeren abwechseln. Sind es aber nicht dieselben Gebirge, welche die Länder gestalteten, diese Meere an sich zogen oder selbst hervorriefen, die nun ihre Wolken sammeln und zum Segen des Landes machen?

Wie heben sich auseinander wildere, aber hafenreiche Gebirgsküsten, vom

Innern abgeschlossen, die ihr Volk zum Fang auf dem Meere, zu kühnen Fahrten nach den Gegengestaden, in unbekannte Fernen heranbilden mögen; und die andere Form, die Küsten an den grossen Flussmündungen, welche den Reichthum des Landes sammeln und ein stetigeres Volk in seinem Handel nach beiden Gebieten unternehmend machen.

Flüsse und Küsten scheiden; beide sind oft Grenzen geworden. Beide vereinen. Und mögen, wo ein Binnenmeer ein Becken füllt, die Verbindungen der Küstenpunkte viel reicher sein als die Wege der Flüsse, die in einem Becken sich vereinen, so ist hier aber ein sammelnder Mittelpunkt, und Flusslandschaften sind wohl die ersten Stammgebiete, Anlässe zur staatlichen Einigung, zum Städtebau gewesen. Reich vertheilt liegen diese Anfänge der nun grösser gewordenen Staaten über unsern Erdtheil ausgebreitet; mannigfaltige Ausbildung, Uebergang, Verschmelzung war vorbereitet, die Geschichte wurde anders reich und beweglich, als wo ein grosses Flussgebiet alles für die Dauer bestimmt und an seinen Mittelpunkt fasst, oder Wüsten, hohe Gebirgsmauern die verschiedenen trennen. Stärker als die Erhebung oder die Waldgebiete eines geringeren Gebirges vermochten wohl oft die zusammenfassenden Ströme die Abhänge zu seinen Seiten auseinanderzuhalten, sie mit dem eigenthümlichen Leben ihrer Flusslandschaft verbindend. Und als das an den Strömen Geeinigte über die gangbaren Gebirge, an den Flusswegen, sich die Hand reichte, stand es sich schon entschiedener gegenüber, behielt auch nach der Verschmelzung seinen Charakter. Aehnlich mögen Küsten lange zurückhalten; um so ausgebildeter, einflussreicher ist die Wirkung, wo der Uebergang über das Meer gewagt wird, um so dauernder und gegenseitiger.

In den Binnenmeeren selbst fand Europa ein eigenthümliches Motiv der Staatenbildung: schon an der Wiege seiner Kultur in den Ansiedlungen der Hellenen um den Archipelagus, in der athenischen Seemacht; bald im Römerreiche, als es das Mittelmeer umfasste. Es hat diese Form des Staates etwas ungemein Schönes, Belebtes, wo eine Halbinsel in der Mitte den Kern bildet, Küstenländer, immer die begehrtesten und bedeutendsten, allenthalben unmittelbar gegenüber, allseitig und leicht verbunden. Aber auch Meere wie die Nordsee strebte einmal die Normannen-, die Schwedenherrschaft die Ostsee zu umfassen; so Venedig die Adria, den Pontus, den grossen Flusssammler, hatten schon die Osmanen, nun strebt dort mit Macht, naturgemäss, Russland, das die Krim hat, und so am Caspisee.

Jene Staatenbildungen haben sich nicht auf die Dauer erhalten. Ihr äusserer Umfang im Festlande ist zu gross, und an ihrem inneren, dem Küstensaume, ist in der Länge das feste Land dem schwankenden Meere in Angriff und Vertheidigung überlegen.

Wie aber die Küsten Europa's in ihrem vielgewundenen Laufe Meere und auch wieder Länder, beide als selbständige, geschlossene Bildungen umfassen, so sind sie im Laufe der Geschichte zu formenden Staatengrenzen als Landumschliesser erwachsen. Es lockt schon der abwärtsfliessende Strom mit der Vorstellung seines Zieles; er zeigt und verschafft den leichten Weg; es zieht die Vorstellung von der Grenze des Landes am Meere. Denn nicht nur das mechanische Resultat der physich-geographischen Kräfte, oder was der Verkehr mit sich bringt, seine Produkte, sein Gedankenaustausch, seine Bestrebungen; oder was der vielfältige nahe Wechsel ausgeprägter Formen in Europa dem Wandernden an neuen Gedanken einflösst: selbst geographische Vorstellungen, in dunkler Ahnung oder klarem Erfassen und Uebersehen, sind·geschichtliche Mächte geworden; von den Schiffern an, welche der Sonne folgten, und den Steppenvölkern, welche den unbeengten Pfad immer weiter zogen bis zu den Entdeckern und denen, welche die Staaten nach den Meeren ausbreiteten. Und Europa bietet jedem Lande in schöner Abrundung, nicht allzuferne, leicht erreichbar, solche Grenzen. Der Reichthum der Küste lockt auch hier. Der Schwächere, ohne Rückhalt, wurde unterdrückt, selbst bis in die Gebirge hinein unterworfen, Gebirge, Flüsse hatten nicht mehr ihre sondernde Kraft; jene wurden überschritten, Flusslandschaften, die bisher einzelne Staaten gebildet hatten, zusammengefasst; aus Verschiedenartigem in Landform und Volksstämmen zusammengesetzt, wurde der Staat im Aeussern an die Meeresgrenze rein herausgebildet [23]).

Mit jeder erreichten Küstenstrecke wurde die Aufgabe des Staates nach aussen vereinfacht, man war da an einen Abschluss gelangt; Angriff und Vertheidigung wurden beschränkter, das äussere Streben nach bestimmten Seiten, zumal den Landgrenzen, gerichtet. Es drängte sich die innere Aufgabe vor, was äusserlich zusammengehalten war zu vereinen: zu reichen, Verschiedenes fügenden Staatswesen, aber wohl hat es auch gerade in der Periode, da der Umfang erreicht war, absolute Beherrschung, vielen Gewaltdruck gebracht; doch begann in jenen Grenzen das Volk endlich sich als ein Ganzes zu fühlen.

Im Alterthume gelang es den Spartanern nicht mit dem Peloponnes. In der Geschichte der Römer war es ein Hauptabschnitt, als sie Italien bezwungen hatten; und Italien ist auch in ihrem erweiterten Reiche der geschiedene Kern geblieben, darauf beruhte die klare Ordnung desselben. Die Energie der Römer, wie vor allem Cäsar sein Werk in Gallien bis an den Ocean rein ausführte, arbeitete der späteren Geschichte vor. Im Mittelalter begann sich wieder der Umfang der landschaftlichen Staaten an die Meere hinauszuwirken: auf der pyrenäischen Halbinsel, den britischen Inseln nach den längsten Kämpfen; Frankreich hatte einen ungeheuern Vortheil vor Deutschland; dieses errang Italien und sein Meer nicht, verlor das Rhonethal. In der Verwirrung seines späteren Mittelalters bewahrte es nur im Norden am Meere ein klares, einheitlicheres Wirken nach aussen im Hansabunde. Und während die Halbinsel im Norden und gewaltsam die Balkanhalbinsel mit all' ihren Landschaften, Gebirgen und Volksstämmen und seit Peter's Unternehmungen das weite Russland, wo die Ströme nach allen Seiten leiten, an die Küsten hin unter eine Herrschaft kamen, fand in der seltsamen, von den Meeren kaum berührten, dann gemiedenen zweigetheilten Mitte des Welttheils Polen nie den Zusammenhang weder der einen noch der anderen der Formen, nie ein Bestimmtes, nicht einmal, abgeschnitten, des Verkehres; in der Südhälfte dieser Mitte

---

23) Nicht etwa blos, wie der Guss die Form füllt. Es liesse sich vielleicht verfolgen, wie die Ausbreitung nach der Küste einen andern Gang nahm, als die in's Festland hinein.

aber war der schönste, grosse Strom, mit dem weiten, von Gebirgen umrahmten, vom Meer geschiedenen Beckengebiete und dessen herrlichem Centrum stark genug, einen grossen Flussstaat um sich zu bilden und als den einzigen des Welttheils zu erhalten: der zusammenhält, was die Zugehörigkeit zur Senke des Pontus und seinen Steppen, zum mitteleuropäischen Gebirgsgürtel an Landschaften, Stämmen, Lebensverhältnissen anhäufte und in sich birgt, was auf dieser grossen Strasse zwischen Osten und Westen vorrückte und sich drängt.

Ein Blick auf die Karte von Europa und ihre Staatenumrisse, ein Vergleich mit den mittelalterlichen Gebieten, ja mit manchen Ueberresten früherer Ordnung auf den ethnographischen Karten, lässt auf ein Durchgreifendes in der Geschichte, viele schwere Kämpfe schliessen, aber vor allem die Macht des Küstenumrisses erkennen.

Als am Ende des Mittelalters das schmale Italien sich zu wenigen meerbegrenzten Gebieten herausgeformt hatte, dachte Lorenzo von Medici ein Gleichgewicht dieser Mächte in ihren Beziehungen herrschen zu machen; der Gedanke vom Gleichgewicht der Mächte wurde bald auf den Welttheil übertragen. Wahr ist es, dass nie eine barbarische, nie eine civilisierte Landmacht, nie eine Seemacht Europa zu unterwerfen vermochte.

Ein Seltsames ist dieses Gegenüber, Umeinander grosser Mächte, so vielfältig durch die zarteste und entschiedenste Linie, die Küste, schwer für den Angriff, fruchtbar im Frieden, gesondert und verbunden; ihr Streit auf jene Striche, wo die Küste fehlt, bestimmt. In Amerika breitet sich der Staatenbund über Wüsten und Gebirge von Meer zu Meer aus. Aber im Reichthum selbständiger Land- und geschichtlicher Formen, ihrer Charaktere und Beziehungen wird Europa wohl immer einen grossen Vorzug bewahren; wenn auch geographische Formen durch die Bestrebungen des Menschen ihre geschichtliche Kraft in der Dauer der Zeit ändern und oft sehr verlieren.

Die europäische Geschichte entfaltete sich zuerst am Archipelagus, wo im Zusammentreffen der beiden grossen Gebirgshalbinseln und so der Binnenmeere sich mit einer reichen Gliederung die Weltstellung vereinte. Wurde denn aber nicht auch die Gliederung Europa's durch seine Lage zwischen den Welttheilen, die von allen Seiten Arme herüberreichten, durch die viele Bewegung inmitten dieser Beziehungen gestaltet? Schwer nur könnten wir uns seine Bildung in der Vereinsamung der südlichsten Erdtheile denken. Nun aber wirken beide Gaben, als wie absichtsvoll verbunden, zum Vorzuge des Welttheils zusammen, zu seiner dauernden Bereicherung.